프랑스사 강의

-10개의 강의로 프랑스사 쉽게 이해하기-

시바타 미치오 지음 | 정애영 옮김

일러두기

1. 이 책에 나오는 외국 지명과 외국인 인명은 국립국어원 외래어 표기법에 따랐다.

2. 본문의 각주는 모두 옮긴이가 추가한 것이다.

3. 서적 제목은 겹낫표(『 』)로 표기하였으며, 그 외 인용, 강조, 생각 등은 작은따옴표를 사용하였다.

목차

프랑스의 주

아르투아 플랑드르
파리시
피카르디
일 드 프랑스
노르망디
상파뉴
로렌
브르타뉴
알자스
멘
오를레앙
부르고뉴
앙주
베리
니베르네
프랑슈 콩테
투렌
푸아투
부르보네
오니스
마르슈
오베르뉴
리요네
생통주
리무쟁
사부아
앙구무아
기옌
도피네
가스코뉴
랑그도크
프로방스
베아른
콩타 브네생
콩테 드 니스
루시용
콩테 드 푸아

코르스

------ 현재 현의 경계
—— 예전 주의 경계
- - - 국경

제 **1** 강
프랑스의 시작

클로비스의 도유식(14세기의 세밀화)

기원전 600	식민도시 마살리아(현재의 마르세유) 건설
58	카이사르의 갈리아 정복 개시
31	갈로로만시대로 들어감(~406)
기원후 253	게르만 민족, 갈리아로 침입
395	로마제국, 동·서로 분열
406	게르만 민족, 갈리아로 전면적 침입
418	서고트, 아키텐에 정착
476	서로마제국 멸망
486	메로빙거왕조 시작
496경	클로비스 개종
507	클로비스, 서고트를 멸망시킴
732	투르-푸아티에전투
751	피핀, 카롤링거왕조 개창
800	샤를마뉴, 로마에서 황제 등극
840경	노르만인의 침입 격화
843	베르됭조약(프랑크 제국 삼분)
888	로베르 가의 외드, 서프랑크 왕으로 선출
892	마자르인, 헝가리로 침입 개시
911	노르만인, 노르망디에 정주
987	파리 백, 위그카페 즉위. 카페왕조 시작

프랑스사란 무엇인가―예비적 고찰

나는 지금부터 프랑스의 역사를 10개로 나누어 이야기하려 하는데 그에 앞서 대체 우리 일본인들에게 '프랑스사'는 어떤 의미가 있는 것일까 묻고 싶다.

일본인들이 프랑스사를 포함하여 '서양사'를 본격적으로 처음 접한 것은 막부(幕府) 말기 메이지 시기이다. 곧바로 '만국사' 등의 제목으로 많은 저서나 역서가 간행되었는데 이는 단순히 이국 취미라기보다는(물론 그것도 있었겠지만) 개국으로 갑자기 미지의 세계와 마주한 당시의 일본인들이 세계 안에서 자국이 처한 위치나 상황을 인식하는 수단으로 의지했던 '만국사'는, 당시 국민국가를 만들고 있던 구미의 나라들이 자기 인식의 수단으로 구축한 자국사 혹은 세계사였던 것이다.

이는 자기 인식에 타자의 눈을 빌린 것인데, 당시의 일본의 학문적 현상에서 보자면 무비판적인 수용도 불가피했던 것일까. 나는 꼭 그렇다고는 생각지 않는다. 그것은 비판적인 숙려 끝에 취한 선택이고 그 결과가 '탈아입구'인 것이다. 이는 중요한 문제이긴 하나 여기서 그 문제를 다룰 여유는 없다. 다만 앞으로 '프랑스사'라는 '서양사'의 일부를 이야기하면서 그것이 적절한 자기 인식의 수단이 되기 위해서는 어떤 점을 자각하며 주의해야 할지에 대해 두 가지를 말해두고자 한다.

첫 번째는 프랑스사가 일본의 자기 인식에 도움이 되기 위해서는 프랑스사와 일본사를 관련지을 어떤 비교사적 시점이 필요하지만, 실제로 프랑스도 일본도 장기적인 역사 분석의 자기 완결적인 단위는 아니다. 일국사의 집적이 세계사라고 생각하는 시점은 19세기에 탄생한 '국민국가'라는 국가 모델의 관념에 지나지 않는다. 프랑스는 '유럽의 지역세계'라는 보다 넓은 역사 공간에 속해 있고 프랑스사는 그 안에서 전개되는 것으로 보아야 이해할 수 있다. 역시 일본도 '동아시아 지역세계'에 속해 있다.

두 번째로 지역세계는 각각이 고유의 전개와 구조를 갖고 있고 고정적이지 않다. 그것은 역사적인 형성체이자 각각이 서로 규정하는 관계에 있고, 역사적인 발전에 따라 지역세계의 확대나 구조가 변용하며 그 관계의 총체인 세계 체제도 전환한다. 이들 변화를 인식하기 위해 다음과 같이 구분하겠다. 유럽 지역세계가 외부로 진출하여 동아시아나 다른 지역세계와 직접 관계를 맺기 시작하면서 세계화의 제1기가 시작되는 16세기를 큰 기점으로 삼고(제4강) 다음으로 제2기로 접어드는 18세기 후반(제6강), 그리고 제3기로 생각되는 20세기 후반(제10강)의 셋으로 나누겠다. 그 이전은 근대의 전개의 토대이자 그 전개를 조건 짓게 하는 구조적 요인이 형성되는 지역 세계가 생성된 시기이다(제3강까지).

이 책은 비교사를 직접 목적으로 하지는 않으나 다만 이야기를 진행시키는 과정에서 나의 마음가짐 같은 것이기도 하므로 때로는 조금 비교하거나 관련성을 언급할 것이다. 서두는 이쯤 해두고 본론으로 들어가겠다.

1. 갈로로만시대

'프랑스'는 언제부터 시작하는가. 현재 '프랑스'로 불리는 땅에 처음부터 '프랑스'가 있었던 것은 아니다. '프랑스'는 몇 개의 요인이 복합적으로 서로 작용하여 역사적으로 형성된 것이고 거기에는 몇 가지 기준이 되는 지표가 있다.

유라시아 대륙의 서쪽 끝 지역은 기후가 비교적 온화

하고 토지도 비옥하며 예로부터 민족의 이동이나 문화 교류가 활발한 무대였다. 선사시대의 유적도 많고 기록이 있는 역사시대로 접어들어서도 고대 그리스인, 켈트인, 로마인, 게르만족 들이 계속해서 이주해왔다.

고대 그리스인이 서지중해로 진출한 것은 기원전 600년경으로 식민도시 마살리아(지금의 마르세유)를 건설하고 이곳을 거점으로 하는 지중해 문화권을 론강 유역 북쪽으로 확대시켰다. 켈트인들은 중부 유럽에 사는 인도유럽어 계통의 언어 집단 중 하나로 기후 악화로 인해 발트해 지방에서 남하해온 게르만족의 압박을 피해 동·서로 이동하여 프랑스 지역으로는 기원전 5세기경부터 본격적으로 들어오게 되었다.

이즈음 이탈리아반도에서는 로마인이 점차 세력을 넓혀 지중해 세계의 강국으로 부상하던 참이었고 그들은 북방의 켈트인들을 야만족으로 보고 그 땅을 '갈리아'라 불렀다. 울창한 숲으로 둘러싸인 갈리아 지역에서 갈리아인은 통일국가를 만들지 않고 여러 부족으로 나뉘어 살고 있었다. 각 부족 안에서는 전사를 겸한 귀족들이 집회에서 행정관을 선출하여 농민들을 지배하고 있었다. 알프스 이남이나 지중해 연안 등 갈리아의 일부 지역은 일찍부터 로마인에 정복당해 '속주'가 되어 있었다.

그런데 로마의 실력자 카이사르가 갈리아의 총독이 되면서 기원전 58년부터 갈리아의 무력정복에 나서 격렬한 저항을 꺾고 전 지역을 속주로 만들었다. 로마에 있어 갈리아는 군사적으로나 경제적으로나 모두 중요한 존재여서 로마는 갈리아의 통치에 힘을 쏟았다. 이사이에 켈트 문명과 로마 문명이 융합하며 부족의 통일도 이루어져 이 시대의 갈리아는 '갈로로만시대'로 불린다.

기본적으로 도시 문명인 로마 문명의 영향하에 갈리아 지역에 군사·행정·종교의 거점인 도시들이 건설되었다. 로마식 도시는 갈리아 전역에 보이는데 특히 님, 아를 등 남동부의 프로방스 지방에 원형극장, 수도 같은 유적들이 많다. '프로방스'라는 지명의 어원은 '프로빈키아'(속주)이다.

도시의 건설과 병행하여 로마의 제도도 도입되어 그때까지 농촌에 살고 있던 갈리아의 귀족들도 점차 도시로 이주하였고 군무나 행정에 협력한 자들에게는 로마의 시민권이 부여되었다. 그러나 농촌은 갈리아 시대와 거의 다름없이 자유농 이외에 노예나 소작농이 곡식이나 와인 등을 생산하며 대규모의 로마 주둔군의 식량을 충당하고 있었다.

게르만족의 대이동과 로마제국의 멸망

  광대한 영역을 가진 로마제국의 최대 고민은 외적의 침입이었다. 이에 395년 효과적인 방위를 위해 콘스탄티노플(지금의 이스탄불)을 수도로 하는 동로마와 로마를 수도로 하는 서로마로 제국이 이분되었다. 이때 이미 서로마제국은 게르만족의 침입으로 점차 방위 능력을 잃어가던 상태였다.

  게르만족은 켈트인과 같은 인도유럽어족에 속하며 북쪽 스칸디나비아반도에서 발트해 주변에 걸쳐 살고 있었다. 앞서 언급했듯이 중부 유럽으로 남하해와 켈트인을 이동시켰으나 3세기부터는 자신들도 로마제국 영내로 침입하기 시작하였다. 그러다 4세기 후반 무렵 그때까지 중앙아시아의 초원에 살고 있던 유목민 중 하나인 훈족이 우크라이나로 쳐들어왔기 때문에 이에 눌린 게르만의 한 부족인 동고트족이 서쪽으로 이동하고 이를 계기로 게르만 여러 부족이 차례차례로 동에서 서로 대규모 민족이동을 시작하였다.

　게르만족의 민족이동은 약탈이나 살육을 동반하기도 하였으나 로마인의 관리하에 농경이나 군역을 봉사하는 조건으로 제국으로의 편입을 허락받는 평화적인 경우도 적지 않았다. 그러나 5세기가 되면서 부족장을 왕으로 추대하는 게르만 국가들이 그 조직 그대로 이주해와 제국 내의 지정 구역의 토지를 받아 제국 방위의 동맹군으로 주둔하는 경우가 많아졌다. 이같이 주둔군이 이곳저곳에 할거하자 당연히 서로마제국은 점차 명목적인 종주권만 갖는 존재가 되어갔고 476년 결국 황제가 게르만족 출신의 용병대장 오도아케르에 의해 축출당하면서 서로마제국은 멸망하게 되었던 것이다.

2. 프랑크왕국

게르만 부족국가와 프랑크의 융성

　갈리아에서는 그 이전부터 사실상 황제의 지배는 끝나 있던 상태였으므로 서로마제국의 멸망은 갈리아 사회에

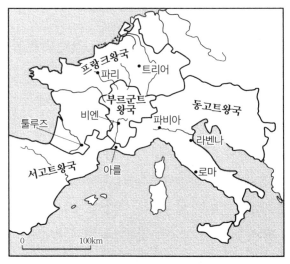

그림1-1. 프랑크 왕국과 인접 국가들(클로비스가 사망한 511년 무렵). [Carpentierm J., Lebrun, F. (sous la dir. de), Histoire de France, Paris, Seuil, 1987을 바탕으로 작성]

그다지 큰 변동을 일으켰던 것은 아니다. 그러나 이후 게르만 부족국가는 지배권 확장의 야심을 키워 많건 적건 로마 문화를 계승하는 로마, 게르만 국가가 서로 경합하는 시대가 수세기에 걸쳐 계속되었다.

　5세기 후반의 갈리아의 정치 지도를 보면 루아르강 이남에서 이베리아반도에 걸쳐 툴루즈를 수도로 하는 강대한 서고트 왕국, 동부·남동부에는 부르군트왕국이 있다. 모두 로마화가 일찍부터 진행되었던 지역에서 태어난 게르만족의 주둔군 국가가 전신이다. 이에 대해 로마화가 약했던 북동부에는 라인강 유역에서 이주해온 프랑크족의 프랑크왕국이 있어 클로비스 왕(재위 481~511) 때 갈리아 북부로 진출하여 서고트와도 싸우며 피레네산맥 지역까지 지배하였다. 그 자식들 대에는 염원했던 부르군트왕국까지도 지배하고 6세기 전반에는 프랑크왕국은 켈트계의 브리튼인이 고립된 세계를 만들고 있던 아르모리카 반도(오늘날의 브르타뉴)와 로마색이 강한 지중해 연안을 제외한 갈리아의 거의 전 지역의 정복에 성공하였다. 한편 서고트 왕국은 이베리아반도로 옮겨가 톨레도를 수도로 삼아 6세기 말부터 7세기에 걸쳐 번영하였다.(그림 1-1 참조)

그리고 서로마제국의 옛 본거지인 이탈리아에서는 동고트족의 테오도리코가 오도아케르를 무너뜨리고 라벤나를 수도로 서로마제국의 재흥을 시도하였다. 그러나 동로마 황제 유스티니아누스 1세(재위 527~565)는 동고트를 포함한 지중해 일대의 게르만 국가들을 소탕하고 6세기 중반에 일시적으로 로마제국의 통일 지배를 부활시켰다. 그러나 그의 사후 이탈리아는 북쪽에서 침공해온 게르만족 랑고바르드족의 지배를 받으며 다시 정치적인 혼란기로 들어가게 되었다.

클로비스의 개종

'프랑스'라는 이름은 프랑크왕국에서 유래하는데 옛 로마제국 안에서 탄생한 수많은 게르만 부족국가들 중 특히 프랑크족이 어떻게 갈리아의 통일에 성공했던 것일까.

원래 주둔군 권력인 게르만족은 그 군사력을 무기로 영역의 지배 권력으로 거듭나려는 경향을 갖고 있다. 그러나 게르만 이주자들은 갈로로만의 주민들에 대해 5퍼센트 정도의 숫자밖에 되지 않았기 때문에 게르만 왕이 부족의 종사(從士)들을 넘어 주민 전체에 대한 지배를 넓히기 위해서는 통치 지식과 경험을 가진 기존의 갈로로만 귀족의 협력을 얻어 그 조직을 이용할 수밖에 없었다. 특히 귀족들은 주요 도시의 주교직을 차지하고 이 교회 기구가 행정기구 이상으로 지방 생활에 큰 영향을 미치고 있었으므로 게르만족 왕들에게는 기독교와의 관계가 중요한 의미를 갖고 있었다.

기독교는 4세기 초반에 로마제국 내에서 공인되어 동쪽의 콘스탄티노플 교회와 서쪽의 로마교회 사이에 주도권을 둘러싼 대립이 발생하고 있었다. 서로마제국의 멸망 후의 로마교회는 결국 동로마제국을 수장으로 하는 콘스탄티노플 교회 아래로 들어가게 된다. 이 때문에 로마교회는 유력한 정치 권력자와의 연결을 모색하며 클로비스를 그 대상으로 삼았던 것이다.

그 배후에는 교회 내부의 아타나시우스파와 아리우스파와의 교리 논쟁이 자리 잡고 있었다. 4세기 말에 테오도시우스 황제(재위 379~395)가 아타나시우스파의 삼위일체설을 국교로 정하고 있었으나, 로마화가 빨랐던 부르군트 왕이나 서고트 왕은 일찍부터 기독교로 개종하였기 때문에 이단인 아리우스파에 속해 있었다. 이에 대해 로마화가 늦어 이교도인 채로 있었던 클로비스는 백지상태였던 셈이다.

대체로 496년 클로비스는 랭스의 주교 레미(레미기우스)의 강권으로 세례를 받고 종사들과 함께 아타나시우스파 기독교로 개종하여 게르만 부족의 왕들 가운데 유일한 가톨릭 왕이 되었다. 교회의 권위와 귀족의 후원을 얻은 클로비스는 이단으로부터의 해방이라는 정통성을 앞세워 쉽게 정복 활동을 전개할 수 있었던 것이다.

클로비스 왕조에서 카롤링거왕조로

프랑크 왕가는 클로비스의 조부 메로베치의 이름을 따 '메로빙거왕조'로 불리는데 왕국을 가산으로 보아 분할 상속하던 관습 때문에 왕국의 통일 상태는 단기간에 지나지 않는다. 게다가 국내의 내란은 끊이지 않아 결국 메로빙거왕조에 이어 카롤링거왕조가 등장하였다.

카롤링거 가문은 북동부의 유력한 호족으로 8세기 초에는 왕국 내 각지의 궁정의 최고 실력자인 궁재(宮宰)의 직을 독점하기에 이르렀다. 이때 아라비아반도로부터 북아프리카를 석권했던 이슬람교도가 지브롤터해협을 넘어 이베리아반도로 침입하여 서고트 왕국을 멸망시킨 뒤 아키텐 지역으로 쳐들어왔다. 이에 대해 궁재 샤를 마르텔(688?~741)이 프랑크 귀족을 규합하여 투르-푸아티에 전투(732)에서 이슬람교도들을 패퇴시켜 일거에 위신을 높였다. 게다가 마르텔의 손자 피핀(페팽)은 이탈리아로 원정하여 로마교황을 랑고바르드왕국의 압박에서 구해 준 뒤 752년 완전히 쇠약해진 메로빙거왕조를 폐하고 카롤링거왕조를 열어 피핀 3세(751~768)가 되었다.

피핀은 즉위를 정당화하기 위해 처음으로 성유를 바르는 의식을 채택하였고 카롤링거 왕가와 교회의 관계는 피핀의 아들인 샤를마뉴(카를대제, 재위 768~814) 대에 더욱 강화되었다. 그는 거의 해마다 각지로 원정하여 프랑크 왕국의 지배 영역을 넓혀 동으로는 엘베강에 달하는 게르마니아, 남으로는 이탈리아의 북부에 이르는 광대한 지역을 지배하에 두었다. 그리고 800년 크리스마스 날, 로마에서 교황 레오 3세로부터 '로마 황제'의 관을 받게 되었던 것이다.

유럽 지역세계의 성립

이 대관에 적극적인 자세를 보인 사람은 동로마제국(비잔틴제국)에 대항하기 위해 유력한 정치적 후원을 기대하고 있던 로마교황이었다. 샤를마뉴도 고대 제국의 권위를 갖고 싶어 했음에도 '황제'의 칭호와 함께 '프랑크인과 롬바르드인의 왕'의 칭호도 계속 사용하며 국토를 자산시하는 프랑크왕국의 전통적 관념을 버리지 않았다.

그러므로 이 대관식은 고대 로마제국의 부흥이 아니다. 그것은 지중해를 내해로 하는 고대 로마 세계 제국의 해체 후에 콘스탄티노플을 중심으로 하는 비잔틴제국,

그림 1-2 베르됭조약(843)에 의한 프랑크 제국의
분할

중동에서 북아프리카와 이베리아반도까지를 제압하는
이슬람 세력권의 양대 '지역세계'와 함께, 유럽의 서쪽 지
역에 '유럽 지역세계'가 성립했음을 상징적으로 보여주
는 역사적 의미를 갖고 있다.

이 지역세계의 독자적인 구조는 제2강에서 언급하듯
이 10세기 이후에 형성되지만 여기서 그 특징을 하나 말
하자면 비잔틴제국이 황제-교황주의로서 또 이슬람 세

계가 신정정치로 정치와 교권이 일체화된 데 대해, 여기서는 서로마제국의 보편주의적인 '제국' 이념이 로마교회로 계승되면서도 교회의 종교 권위와 왕의 세속 권력이 각각 자립하며 공생 관계에 있었던 점이다.

카롤링거 제국의 분할

카롤링거 제국은 광대한 영역을 지배했으나 메로빙거 왕국처럼 통치 구조가 매우 약하였다. 아헨에 궁정을 두고 전국의 주교좌 조직이 군사행정에 관여하였고, 또 적어도 300명에 달하는 지방 유력자들이 백(콩테)으로 불리는 지방 행정관에 임명되었는데, 그들은 관직의 보수로 받은 토지를 세습하며 독립하는 경향이 있었다.

이 때문에 샤를마뉴 사후 손자 대에 각 지방의 유력자들을 기반으로 분할상속을 둘러싼 내란이 일어나 843년의 베르됭조약으로 제국은 삼분되었다. 장남 로테르가 현재의 독일, 프랑스에 걸친 띠 모양의 중앙부와 이탈리아(로테르국)를, 차남 루트비히는 동부(동프랑크왕국)를, 막내아들 샤를은 서부(서프랑크왕국)를 얻었다. (그림 1-2 참조) 로테르가 '황제' 칭호를 가졌으나 유력 귀족이나 주교의 지지를 얻은 자가 제위에 오르도록 되어 있었으므로 황제의 권위는 급속도로 실추되었다. 서프랑크로부터는 샤를 2세(대머리왕, 재위 843~877, 황제 875~877) 이후 '황제'로 선출된 자는 없다.

베르됭조약 후에도 왕의 사망 때마다 재배분을 둘러싼 내란이 일어나 동·서 프랑크왕국에 끼인 '로테르국' 북부는 거의 동프랑크의 차지가 되었다. 이후 통일적인 프랑크 제국은 부활하지 못했다. 이렇게 이루어진 배분이 지리적으로는 현재의 프랑스, 독일, 이탈리아 삼국의 최소한의 원형을 만들었다고 할 수 있겠다.

3. 프랑스의 탄생

탄생의 요인

그러나 프랑스의 탄생을 하나의 사건이나 날짜에서 구하는 것은 편의적인 의미밖에는 없다. 베르됭조약은 제국이 다시 하나로 될 수 없게 되었다는 점 때문에 중요하다. 곧 다음에 언급할 카페왕조의 성립도 그 자체는 왕조 차원의 이야기이다. 이에 이 책 제1강의 테마인 프랑스의 기원 문제는 각각의 긴 과정을 가진 큰 요인의 복합적인 작용으로 보는 편이 좋겠다.

그것은 첫째로 프랑스 제국의 일체성을 완전히 흔든 심각한 정치적·사회적 위기, 둘째로 질서 재건의 핵으로 기능할 수 있는 카페왕조의 성립, 셋째로 서프랑크에 특징적인 왕권 이데올로기를 들 수 있는데 이에 대해 순차적으로 다뤄가겠다.

민족대이동의 마지막 물결

앞서 언급했듯이 프랑크 제국은 상속 때마다 재분할을 둘러싸고 왕들이 다툼을 벌여 국토가 황폐해졌다. 이 혼란을 더욱 격화시킨 것이 고대부터 이어진 민족대이동의 마지막 물결이다.

이 물결은 동시에 세 방향으로부터 밀려왔다. 하나는 9세기부터 10세기 말까지 이탈리아나 프로방스의 지중해 연안 지대로 이슬람교도들이 침입한 것이고, 다른 하나는 9세기 말부터 10세기 후반에 걸쳐 동쪽의 아시아 계통의 마자르인이 중부 유럽으로 침입한 것으로 그 선봉대는 부르고뉴나 아키텐까지 도달하였다.

그러나 서프랑크에 가장 직접적인 큰 피해를 입혔던 것은 스칸디나비아에 사는 게르만 일족인 바이킹(서프랑크에서는 '노르만인', 즉 북쪽 사람으로 불렀다)이다. 그들은 9세기부터 바다를 건너 남하하여 센강이나 루아르강을 거슬러 내륙까지 황폐화시켰다. 이 때문에 서프랑크 왕은 911년 노르만인의 일부에게 기독교로의 개종과 후속 침입자들을 막아주는 조건으로 센강 하구 지역에의 정주를 인정하지 않을 수 없게 되었다. 이것이 나중에 영국을 정복하는 노르망디 공령의 시작이다.

프랑크 제국 내의 주민들은 침입자들을 '야만족'으로 부르며 두려워했으나 이젠 국가의 군사조직에 기댈 수 없게 되었으므로 각 지역에서 조직되어 있는 군사 권력에 보호를 요청할 수밖에 없었다.

영방 군주령과 카페왕조의 탄생

그 군사 권력이란 백(伯)으로 임명되어 있던 지방 유력자들로 그들은 계속된 분할 계승을 둘러싼 무력 항쟁 과정에서 스스로 무장 종사단을 만들어 자립하고 영방 권력으로까지 성장하고 있었다.

'영방 권력(領邦權力)은 서프랑크에서는 부르고뉴 공, 아키텐 공, 프로방스 후, 플랑드르 백 등 11세기에만 약 15개에 달했다. '영방 군주령'(프렝시포테)로 불리는 그 지배 영역은 크기가 다양하고 공(듀크), 후(마르키), 백(콩테) 의 칭호의 차이는 실제 세력의 크기나 격식과는 상관이 없었다.

영방 권력의 성장에 따라 왕의 존재감은 점차 옅어져 서프랑크에서는 9세기 말이 되면 결국 영방 군주나 주교가 왕위의 세습제를 폐지하고 이를 선거로 바꾸게 되었다. 그래도 한참동안은 카롤링거 왕가의 혈통을 잇는 자가 왕으로 선출되었으나 888년 센, 루아르 두 강 사이에 기반을 두고 바이킹의 퇴치에도 공을 세운 네우스트리아 공 로베르 가문의 외드(재위 888~898)가 왕에 추대되었다. 그 후 카롤링거 가에서 다시 선출되었으나 987년 왕위에 오른 로베르 가의 위그카페(재위 987~996)가 왕권 안정을 위해 생존 중에 장자를 후계자로 지명하여 선출하면서 카페왕조가 시작되었다.

　다음 강에서 언급하듯이 카페왕조는 역대 왕들의 노력의 결과 나중에는 왕국의 반 정도를 차지할 정도로 영지가 확대되었으나 처음의 세력은 제2급의 영방 군주 정도밖에 되지 않았다. 그러나 서프랑크의 재지(在地) 영방 군주들이 자신들의 힘으로 카롤링거 가와 혈연관계가 없는 자를 왕으로 선출할 정도까지 성장하여, 장래 왕국의 핵심이 될 수 있는 카페 가를 탄생시킨 것이 프랑스 탄생의 제2의 요인이다.

　그리고 같은 시기에 동프랑크에서도 카롤링거 왕가의 혈통이 끊겨 마자르인 격퇴에 공적이 있는 영방 권력 중 하나인 작센 공 오토 1세(재위 936~973)가 왕으로 선출되었다. 그는 독일과 이탈리아 북·중부를 통일하여 962년에 로마교황으로부터 로마 황제의 관을 받았다. 샤를마뉴의 후계자가 된 셈인데, '신성로마제국'으로 불리는 이 제국은 실질적으로는 현재의 독일의 영역과 겹치는 국가로 이로써 프랑스와 독일의 분리는 거의 결정적이 되었다.

프랑크 신화

제3의 요인은 프랑스의 기원을 둘러싼 역사의식이다.

투르 주교인 그레고아르(그레고리우스, 538년경~594년경)가 6세기 후반에 쓴 『프랑스인의 역사』는 프랑크인의 역사의식의 원형으로 평가받고 있다. 그 책에는 세례를 받은 클로비스를 개종한 로마 황제 콘스탄티누스에 비유하여 '새 콘스탄티누스'로 부르고 프랑스인을 '선민'으로 쓰고 있다. 이렇게 프랑크왕국을 갈로로마 정복에 기원을 둔 야만 국가가 아니라 갈리아 주둔 군장에 의한 로마 계승 국가로 평가하고 있다. 그레고아르는 아키텐의 갈로로마 귀족 출신이나 그를 비롯한 당시의 프랑크 지식인들은 라틴 문화 속에서 성장하여 자신들을 '로마인'으로 생각하고 프랑크 왕권도 로마 문명을 계승한 관계로 정당화하고 있는 것이다. 7세기의 프레데게르 작품으로 되어 있는 『연대기』도 이러한 역사의식을 뒷받침하고 있다고 평가 받는다. 고대 그리스에 의해 트로이가 멸망한 후 그 왕족이 마케도니아를 거쳐 라인강 유역에 도달하여 그곳이 프랑크왕국이 되었다고 말한다. 이는 로마의 건국자 로물루스-레무스 형제를 트로이의 아이네이아스의 자손으로 보는 전설을 따른 것인데 이로써 프랑크인은 로마인과 동족이 되는 것이다.

이렇게 갈로로마의 귀족은 프랑크 국가가 로마 문명의 계승자라는 '프랑크 신화'를 구축함으로써 프랑크 국가에 왕권 이데올로기를 제공하였다. 그러나 카롤링거 제국이 분열하여 황제권이 동프랑크 왕으로 거의 고정되게 되자 사정이 달라졌다. 동프랑크 왕은 샤를마뉴의 후계자를 자처하며 그를 통해 로마제국과의 계승 관계를 주장할 수 있었으나 거기에서 멀어진 서프랑크 왕으로서는 정통성을 세울 새로운 원리가 필요하게 된 것이었다.

랭스의 축성식

이 때문에 앞서 언급한 피핀에 의한 751년의 성유(聖油) 의식의 기억이 다시 부상하게 되었다. 메로빙거왕조의 왕을 폐하고 수아송에서 귀족들로부터 왕으로 추대된 피핀은 원래는 왕위의 찬탈자이나 출석하고 있던 주교가 성유를 발라주는 의식을 받았고, 3년 후에는 파리 북쪽의 생드니 수도원에서 교황 스테파누스 2세를 맞이하여 다시 성유를 받았다. 그는 프랑크의 왕으로서는 처음으로 구약성서의 성유 의식의 고사를 따른 의례를 함으로써 세습을 대신하는 정통성을 얻었던 것이다. 그 후 피핀의 손자로 카롤링거왕조의 3대 손인 루이 경 경건왕(재위 814~840)이 랭스에서 즉위식을 거행했을 때 처음으로 성유와 대관을 결합시켰다.

그런데 베르됭조약 후 878년경 서프랑크의 궁정에서 일했던 랭스 대주교 힝크마르(엥크마르, 806년경~882)의『성 레미의 생애』는 이 기억을 언급하며, 시대를 더 거슬러 올라가 클로비스의 세례의 고사에 다음과 같은 새로운 전설을 덧붙였다. 참례자가 많았기 때문에 세례반(洗禮盤)에 다가가지 못하던 주교 레미가 하늘을 올려다보자 한 마리의 흰 비둘기가 성유가 든 작은 병을 입에 물고 하늘에서 내려왔다. 레미는 그 일부를 세례반에 넣어 클로비스를 세례한 뒤 성유로 그에게 십자를 그었다. 힝크마르에 의하면 비둘기는 성령의 화신이다. 이렇게 3세기 전에 투르 주교 그레고아르에 의해 '새 콘스탄티누스'가 된 클로비스는 힝크마르에 의해 '새 그리스도'가 되었다. 이리하여 클로비스의 '세례'는 '성별(聖別. 서클)'이 된다, '성별'이란 단순히 왕이 인민의 대표로서 즉위하는 것이 아니고 성유 의식으로 초자연적인 힘이 왕의 신체에 깃드는 의례로서 대관은 신에 의한 것이 된다.

이 '성별' 관념은 두 가지 중요한 의미를 띠고 있다. 우선 성유의 작은 병은 서프랑크의 랭스에 보관되어 있기 때문에 서구 기독교 세계의 정신적인 중심은 로마에서 서프랑크로 옮겨진 것이다. 또한 랭스를 영역 내에 둔 서프랑크 왕만이 진정한 '성별'을 받을 수 있어 서프랑크 왕은 국내의 영방 권력을 넘어선 권위를 가질 뿐 아니라 동프랑크 왕, 나아가 신성로마 황제, 때로는 로마교황에 대해서조차 유일하게 클로비스 계보로 이어지는 '기독교의 왕'이라는 정통성을 주장할 수 있게 되었음을 뜻한다.

카페 왕가가 카롤링거왕조를 대신하여 신왕조를 열었을 때 그 정통성은 이제 혈통이나 교회가 아닌 '성별' 의례 그 자체로 보증되었다. '성별'은 카페왕조의 루이 9세(聖王. 재위 1226~70) 때 전례(典禮)로서 확립된다.

이렇게 서프랑크의 왕권 이데올로기는 클로비스의 개종(이는 샤를마뉴의 대관보다 먼저이다)부터 구축되고 재편되어 왔다. 이는 독일의 중세사가 카를 베르너가 강조했듯이 그 후의 프랑스사의 전개에 중요한 의미를 갖고 있다. 이는 신의 뜻에 입각한 왕권이라는 극히 종교색이 짙은 왕권 이데올로기이기도 하며, 나아가 특별한 사명을 가진 프랑스 국가라는 관념이 되기도 한다. 베르너의 말을 빌리면, 국가의 '기원'은 중요한 문화의 문제인 것이다.

프랑크인인가, 갈리아인인가

여기서 문제의 확대를 보여주는 일례를 들어 좀 더 논해보겠다. 시대는 다르지만 프랑스혁명 전야에 귀족들의 특권을 공격한 정치 책자 중 유명한 시에예스의 『제3신분이란 무엇인가』 가운데 다음과 같은 문구가 있다.

"자신들은 정복자 인종의 후예이고 그 때문에 정복권을 계승한 것이라는 어리석은 주장을 아직도 하고 있는 모든 가족을 프랑켄 숲으로 돌려보내자."

이 문장의 배경에는 16세기 이래 귀족들 사이에 프랑스 국가의 프랑크 기원설, 즉 프랑스의 기원은 프랑크인의 갈리아 정복에 있고 귀족들은 그 프랑크인의 후예라는 이론이 유력해지던 사정이 있다. 이 이론은 평민(제3신분)에 대해 귀족 특권의 정통성을 주장할 뿐 아니라 '게르만 숲의 자유'라는 전설적 관념을 근거로 부르봉 절대왕권에 대한 저항의 기초를 제공하는 귀족계급의 정치 이론이었다. 이에 대해 시에예스가 선주민인 갈리아인이야말로 프랑스인의 기원이라는 설을 대치시켜 귀족 특권을 비판하였던 것이다. 이 문제는 '자유'를 둘러싼 근대 프랑스 정치 이론의 중요한 논점이지만 '기원' 문제만 보면 19세기에 들어서면 갈리아인 기원설이 더욱 유력해져, 제3공화정 초기의 역사교과서에는 '우리 조상 갈리아인'이라는 관념이 지배적이 되었다. 이 경우에는 보불전쟁에서의 굴욕적인 패배가 남긴 독일에 대한 반감도 강하게 작용하고 있다.

프랑크인이 갈리아인인가라는 기원을 둘러싼 이 논쟁은 18세기의 사회적 대립 혹은 19세기의 내셔널리즘에 입각한 이데올로기로 사실은 앞서 언급했듯이 프랑크, 갈리아, 이에 로마를 더한 세 요인이 수세기에 걸쳐 융합하여 프랑스를 형성하였던 것이다. 그러나 기원에 관한 언설은 국가의 아이덴티티와 직결된 사활 문제여서 역사에서는 매우 중요한 움직임을 보이곤 한다.

제 2 강
중세 사회와
카페 왕국

왕의 성유 의식(13세기의 세밀화)

1027	'신의 휴전' 운동
1066	노르망디 공, 잉글랜드 정복
1070	르망에서의 코뮌운동
1089	클뤼니 수도원 건설 시작
1096	제1회 십자군(~1100)
1152	엘레오노르, 루이 7세와 이혼, 앙리와 재혼
1163	파리의 노트르담대성당 건설 시작
1214	부빈 전투
1270	루이 9세, 튀니지에서 사망(제7회 십자군)
1302	제1회 신분 회의
1303	아나니사건*
1309	아비뇽으로 교황청 옮김(~77)
1328	발루아왕조 시작

---

*Outrage of Anagni : 1303년에 프랑스 왕국 필리프 4세에 의해 로마교황 보니파키우스 8세가 이탈리아의 산간도시 아나니에서 붙잡힌 사건. 필리프 4세는 로마교회에도 압력을 넣어 클레멘스 5세를 아비뇽으로 이주시켜 아비뇽유수를 일으켜 교황권에 대한 왕권의 우위를 확립하였다. 사건은 교황 권력의 쇠퇴와 왕권의 신장을 인상지워 근세 절대왕정에 이르는 중대한 이정표가 되었다.

유럽 지역세계의 질서 관념

앞의 강에서는 고대 로마제국의 해체부터 유럽 지역세계나 프랑스의 형성에 이르는 과정을 언급하였고 본 강에서는 그 사회 내부의 제도나 구조를 살펴보기로 하겠다.

유럽사에서는 6세기부터 15세기까지를 '중세'로 보고 이를 전기(6~10세기), 중기(11~13세기), 후기(14~15세기)로 구분한다. 제1강의 후반이 '전기'에 해당하며 이는 고대부터 중세로 이행기이며, 유럽이라는 이 지역세계의 특징적인 구조가 형성된 것은 대혼란으로부터 사회가 재건 단계로 진입하는 '중기'이다.

이 '중기'부터 본격적으로 형성되는 중세 사회의 구조는 매우 중요하다고 생각한다. 왜냐 하면 16세기에 근대 세계 체제가 시작되는 것을 시야에 넣어 바라보면 이 세계의 일체화의 기동력이 어디서 왔는지, 또 세계 체제 내에서 지역세계가 어떠한 상호 관계에 있는지의 문제는 그 앞 시대 각각의 지역세계 구조와 관련되어 있기 때문이다.

그렇다면 전근대의 유럽 지역세계의 독자성을 무엇인가라는 질문에 대해 그 실마리를 찾고자 중세인의 사회질서 관념을 살펴보기로 하겠다. 중세 중기의 사회 재건이란, 식량 생산 등 단순한 경제생활의 부흥뿐 아니라 사람들이 안심하고 생활할 수 있는 새로운 사회질서의 관념까지 포함하고 있기 때문이다.

프랑스에서 9세기 후반에 형성되었다고 하는 질서 관념은 인간을 세 가지 직분으로 나누고 있다. 이 구분은 인도유럽어족의 신화에 기원을 두고 있다고 말해지는데, 이것이 기독교와 연결되어 1027년경에 랑의 주교 아달베롱(947?~1030) 등에 의해 정식화되었다. 그것에 의하면 '신의 집'은 기도, 노동, 전투 세 기능으로 이루어져 있고 지상에서는 성직자, 농민, 기사가 그것을 담당한다. 아달베롱은 왕이 이 세 기능을 통합하여 보편적인 질서를 보증하는 존재이고 왕·성직자·기사는 '일하는 자'(농민)을 보호하는 대신 노동의 봉사를 받는 상호 봉사의 관계라고 설명한다.

이 사회 도식은 농촌 사회를 기본으로 하는 것으로, 신흥 도시 사회를 시야에 넣고 있지는 않다. 또 처음엔 반드시 불평등한 관계가 아니었던 세 기능이 결국엔 계급 관계가 되어 '일하는 자'가 열등한 세 번째에 두어지게 되는 등의 시대적 변화를 보인다. 그러나 이 도식은 수도원의 성직자, 성채의 전사가 전문화되기 시작했던 중세 중기의 사회와 정치의 관계를 어느 정도 표현하고 있다. 그리고 사회질서의 형성력을 단일 권력(특히 영주 권력)이 아닌 생활규범을 관리하는 교회, 치안을 담당하는 영주, 경제 활동의 중심이 되는 민중이라는 세 개의 자율적 요인으로 구성되어 있다는 점에서, 또한 교회를 제1로, 영주를 제2로, 그 이외의 민중을 합쳐 제3으로 서열화하는 점에서 중세 유럽 지역세계의 특징적 관념이었다. 그리고 부언하자면 질서 관념은 사회에서 배제되어야 할 존재를 반드시 수반하게 되는데 그에 유대인과 이단이 해당되었다.

1. 영주 권력과 기사

영주제와 봉건제

사회질서의 형성력으로서의 '영주' 권력은 명칭은 같아도 프랑스나 일본 등 사회에 따라 성격도 다르고 같은 사회라도 시대에 따라 다르다. 프랑스에서는 거칠게 말하여 10세기가 '대영주의 시대', 11세기가 '성주의 시대', 12

세기가 다시 '대영주의 시대'라고 말해진다. 10세기 말에 카페 왕가가 프랑스 왕으로 나섰을 때 그 실제의 세력범위는 중앙과 북부의 일 드 프랑스와 오를레앙 지방으로 이루어진 좁은 범위의 직할령(왕령지)으로 한정되어 있었다. 다른 영방 군주들은 카페 왕가를 왕으로 인정하되, 형식상으로는 신하이지만 사실상으로는 독립적인 정치 세력이었다. 11세기에는 권력이 세분화가 더욱 진행되어 영주 아래 또 영주라는 중층적인 그물망이 만들어져 다시 넓은 범위를 지배하는 새로운 타입의 영방 군주령이 등장하였다.

원래 영주제는 이민족의 침입이나 전란 때문에 공식적인 질서가 무너지자 사람들이 가깝고 직접적인 인간관계밖에 의지할 수 없게 되었기 때문에 성립된 것이다. 그런데 그 인간관계의 역사적인 선행물로서는 갈로로마 사회의 대토지 소유제와 게르만 부족국가의 종사제라는 두 가지 제도가 있었다.

갈로로만시대의 귀족은 대토지를 소유하고 부지 안에 사는 가내노예와 함께 예속적인 신분의 소작 농민에게 토지를 경작시키고 있었다. 노예나 예속 농민 신분은 국가의 법으로 규제하고 있었으나 게르만족의 침입으로 국가의 법질서가 흔들리자 이 대토지 소유제는 유력 영주와 노예 혹은 예속 농민과의 직접(보호-봉사)관계로 이행하였다.

한편 게르만 국가에서는 유력자에게 충성을 서약하고 종사가 되는 대신에 보호를 받는 '종사제'와, 종사가 기마 전사로서 봉사를 하는 대신에 토지를 '은대지'(恩貸地)로 부여받는 '은대지제'라는 제도가 있었다. 토지를 매개로 봉사를 구하는 점에서는 로마의 대토지 소유와 비슷하나 (지주=농민)의 관계가 세습적으로 고정된 신분이었던 데 대해 종사제는 자유민의 계약관계이고 주인이 사망하면 해소된다.

그런데 노르만인이나 이슬람교도의 침입과 내란 때문에 부족국가의 공적 질서가 흔들리자 '은대지'는 점차 세습적인 '봉(封)'이 되고 이것을 가진 직업 전사는 토지의 세습적인 주인이 되었다. 국가의 보호를 기대할 수 없는 농민이 보호를 요청하는 대상은 가까이 있는 이 같은 유력자이고, 이 경우 전사는 단순히 경작 관계로 이어진 지주가 아니라 그 지역의 주민 전체를 지배, 보호하기 위해 '명령권'을 갖는 '영주'가 되었다. 그렇게 되면 그때까지 자유인이었던 주변의 농민들도 점차 영주의 보호하에 들어가 '영주제'가 일반화된다. 지금은 '장원'(莊園)이라 부르는 영주의 토지는 영주 '직할지'와 농민 '보유지'로 나뉘고, 직할지는 약간의 보유지로 생계를 일구는 '농노' 신분의 농민들의 부역으로 경작되었다. 한편 '영주'가 된 유력자들도 자기 보존을 위해 더 유력한 영주의 보호 아래로 들어가 그 종사가 된다.

이렇게 영주와 영주 사이, 영주와 농민 사이에 직접적인 (지배=종속) 관계의 복잡한 네트워크가 만들어져 갔다. 전자의 영주 간 관계를 지칭하는 것이 '협의의 봉건제', 후자까지도 포함한 계층적인 정치사회 구조를 지칭하는 것이 '광의의 봉건제'('봉건사회'라고도 함) 개념이다.

봉건사회의 가장 전성기는 10세기에서 13세기까지이고 근세에 들어서면 봉건제는 존재하지 않지만 영주제는 존속한다. 프랑스혁명기에 폐지된 '봉건제'는 영주제를 말한다.

성주와 종사

봉건사회의 영주의 전형은 무장한 저택, 즉 성채를 갖

는 영주이다. 성채라 해도 10세기 초기의 것은 방호벽 안에 목조 이층의 사각 탑이 있는 정도의 간소한 구조로 위험이 닥치면 주변 농민들은 이곳으로 피신하였다. 따라서 성주의 세력범위는 넓어야 말로 하루를 달리는 정도의 거리를 넘지 못했다. 그러나 그 범위는 점차 확대되어 12세기가 되면 깊은 해자를 갖춘 석조의 견고한 성들이 건축되기 시작하였다. 오늘날 '중세의 성'으로 남아 있는 것은 이 시기 이후의 것들이다.

성주 또한 상급 영주, 특히 영방 군주와 종사제의 관계로 맺어져 있지만 자신의 성채 세력권 안에서는 한 성의 주인이기도 했다. 그들은 성안에 법정이나 감옥을 두고 성내의 질서 관리자로서 근린의 농민을 보호, 지배하는 '명령권'자가 된다. 나아가서는 세력권 내의 시장을 관리하고 그곳을 통과하는 여행자로부터 통행세를 징수하며 일종의 공권력의 성격을 띠기 시작했다.

성주 주변에는 종사단이 형성되는데 종사란 스스로 말과 무구를 준비하여 평소에 전투 훈련에 임하는 기사이다. 성을 갖지 않은 지주(地主) 영주나 성안에 살면서 봉사하는 자유 신분의 젊은 농민 등 다양한 출신들이 있었다.

종사가 될 때에는 '신종례'(臣從禮. 오마주)라는 의례가 있다. 종사가 되고자 하는 자가 무장하지 않고 무릎을 꿇은 채 두 손을 모아 상대의 양손 위에 얹는다. 이는 복종을 의미한다. 그러나 곧 이 행위로 주인이 된 상대가 일으켜주고 포옹한다. 이로써 둘은 대등해지고 신종은 복종이 아닌 우정에 기초한 것이 된다. 이 의례는 게르만 국가에 고유한 것으로 종사제의 성격을 보이는 중요한 상징적 행위였다. 이어서 아마 기독교의 영향도 있었으리라. 종사가 된 자는 '성실 서약'을 행한다. 일본의 군신 관계와 달리 한 명의 전사가 많은 주인과 종사 관계를 맺을 수 있었던 것도 이 쌍무계약적인 권리·의무 관계이기 때문이다.

이 같은 기사 의례의 탄생은 기사의 특권적이고 폐쇄적인 세습 신분과 관련이 있다. 전투 형태의 변화 때문에 보병에서 비용이 드는 중장비 기마 병사로 중심이 옮겨졌기 때문이다. 동시에 약자의 보호와 교회에 대한 봉사라는 사명 그리고 용기, 성실, 충성과 같은 가치가 기사 공통의 아이덴티티로 확립되고 그것이 계승되어야 할 명예로운 혈통으로 여겨지게 되었다.

이리하여 12세기 말 이후의 프랑스사에서 중요한 역할

을 해온 '귀족'(노블레스) 신분이 탄생하였다.

　다만 위에서 언급한 사회의 봉건화에는 지역차가 크다. 특히 로마화가 예부터 진행되어 사회 혼란이 비교적 적었던 프랑스 남부(기엔, 랑그도크, 프로방스, 도피네 남부 등)에서는 성주로의 권력의 분산화가 북부보다 약하여 영주제로 편입되지 않은 '자유지'가 많았다. 이 남부의 저항을 배제하여 병합하고 북부의 제도와 문화에 순응시키는 것이 중세 말기부터 근세에 걸쳐 왕권의 큰 과제의 하나가 되었다.

2. 기독교와 교회

수도원 개혁

　앞서 사회질서 관념이 '신의 집'의 기능에서 시작하였듯이 중세 유럽에서는 기독교는 매우 중요한 위치를 점하고 있지만 시기에 따라 같지는 않다. 클로비스의 개종 이래 기독교는 프랑크왕국 안에 보급되었으나 왕이나 영주의 보호에 기댈 수밖에 없었기 때문에 교회는 그에 종속되었다. 왕이나 영주는 일족이나 측근의 속인(俗人)을 주교나 수도원장에 임명하여 종사제의 시스템 속에 편입시켰던 것이다. 이 때문에 10세기에 교회는 결혼, 전투, 강탈 등 세속 권력과 다름이 없어 종교 기관으로서의 권위는 실추된 상태였다.

교회의 권위는 민족이동의 혼란이 종식된 중세 중기, 교회 내부의 세 가지 개혁 운동으로 확립되었고 그중 두 개의 개혁 운동이 프랑스에서 일어났다.

그 한 가지는 수도원 개혁 운동으로 10세기부터 부르고뉴의 클뤼니에서 시작되어 바로 유럽 전역으로 확대되었다. 11세기에는 프랑스에서만 약 8백 개의 '클뤼니 수도회'의 수도원이 존재하였다. 클뤼니 수도회는 로마교회와 직결하여 지역의 봉건 권력으로부터 독립하는 데 성공하였다. 그러나 그 수도사들의 생활이 사치스러워지자 이에 반발하는 새로운 운동이 각지에서 일어났고 그중에서도 1098년에 이 역시 부르고뉴에서 시작된 시토 수도회가 가장 성공하였다. 시토회는 시내에서 떨어진 곳에서 고행과 명상의 공동 생활로 신앙의 순화를 추구하였으나 나중엔 양모 가축 등의 생산물을 팔아 수도원이 막대한 부를 축적하면서 그 명성은 급속도로 떨어졌다.

13세기에 들어서면 이에 대해 이탈리아에 프란체스코회, 남서 프랑스에 도미니크회 등 청빈을 외치는 탁발수도회가 등장하였다. 이들은 노동과 탁발, 순례 설교를 중시하여 당시 민중 사이에 퍼지던 이단과 싸우는 교황 직속의 설교 집단이 되었다.

'신의 평화'

두 번째는 재속(在俗) 성직자들이 추진한 '신의 평화'운동으로 10세기 말에 왕권이 약한 남프랑스에서 시작되어 북쪽으로 확대되었다. 영주들의 전투, 폭력 행위를 제한하기 위해 주교가 중심이 되어 교회회의를 열고 특정 장소, 특정 사회층(성직자, 농민, 상인, 순례자 등)을 전투로부터 보호하도록 영주에게 서약을 요구한 것으로, 이를 거부한 영주들은 파문 등으로 제재하였다. 11세기 초엽에는 특정 기간의 전투행위의 정지를 요구하는 '신의 휴전' 운동으로 발전했는데 이 운동은 전 국민에 의한 서약 단체가 만들어졌다는 데 그 독자성이 있다.

수도원 개혁 운동이 영주로부터의 종교 기관의 독립을 목적으로 한 데 비해, 이 운동은 교회가 정신의 문제뿐 아니라 왕권이나 성주 권력을 대신하여 공공질서의 유지에 관여하기 시작했다는 점에서 매우 큰 의미를 갖는다. 그러나 교회 자신이 무력을 갖지 못했기 때문에 운동은 지속되기 어려웠다.

그레고리우스 개혁

세 번째는 수도원 개혁에서 시작되었던 기독교의 각성을 바탕으로 주교직의 서임권을 속인 영주로부터 교황에게 돌려주기 위해 11세기 후반에 일어난 운동이다. 가장 열심히 추진하였던 교황 그레고리우스 7세(재위 1073~85)의 이름을 따서 '그레고리우스 개혁'이라 불리고 있다. 독일에서는 황제와 격한 대립이 있었던 것으로 유명하고 프랑스에서도 교황과 왕 사이에 분쟁이 일어나 12세기 초에 주교 선출은 성당 참사회원이 수도원장을 선출하는 원칙이 확립되었다.

요컨대 이 서임권 분쟁이란 세속 권력에 대해 교황 권

력이 세력의 '경계' 구분을 제안한 것이고 이로써 봉건사회에서 교회의 지위와 역할이 확립되면서 성직자의 도덕적·지적 자질이 향상되었다. 이 결과 13세기에는 대주교구, 주교구, 교구와 같은 기독교 조직의 계층적 편성도 정비되고 세례, 결혼, 순례 등 교구를 단위로 하는 일상적인 민중 생활의 규범적 틀이 확립되었다. 진정한 의미에서 사회의 기독교화가 시작되었다고 할 수 있다.

지금도 기독교 건축의 틀로서 부르고뉴를 중심으로 각지에 남아 있는 로마네스크 양식의 교회는 이 수도원 운동에서 시작된 기독교 각성의 예술적 표현이다.

십자군

이 영주 권력과 교황 권력과의 공생 관계를 보여주는 것이 '십자군'이다. 셀주크튀르크가 팔레스타인을 점령하여 성지 예루살렘으로의 순례가 위험해졌기 때문에 성지를 기독교도의 손으로 회복하기 위한 원정으로, 서임권 분쟁이 한창이던 1095년 교황 우르바누스 2세(재위 1088~99)가 클레르몽회의에서 제창하였다.

십자군은 툴루즈 백, 플랑드르 백 등 프랑스, 이탈리아의 기사로 구성된 1096년의 대규모 제1회 십자군부터 13세기 말의 제7회 십자군까지 200년에 걸쳐 간헐적으로 조직되었다. 그러나 결국 예루살렘에 만든 식민국가(예루살렘왕국)를 유지할 수 없어 실패로 끝났다. 프랑스 왕도 수차례 이에 참가하여 루이 9세는 원정 중 튀니지에서 티푸스에 걸려 사망하였다.

십자군은 장기에 걸쳐 봉건 제후들에게 원정군을 조직시키면서 제창자인 교황의 권위를 고양시켰다. 또한 영주 측에서도 전쟁과 순례를 결합한 '성전'이라는 새로운 개념을 만들어냈기 때문에 무술에 뛰어난 전사에 지나지 않았던 기사들은 이교도와 싸우는 '정의의 사도'가 되어 기사 신분은 신성화되었다. 기독교와 봉건 논리의 일체화라 할 수 있다. 그러나 13세기 초의 제4회 십자군은 도중에 여비가 궁하다는 이유로 베네치아 용병이 되어 비잔틴제국의 수도 콘스탄티노플을 공격, 약탈하여 베네치아와 재화를 나누고 플랑드르 백을 황제로 하는 라틴제국을 만드는 일탈 행위를 보였다. 이 같은 종교적 열정과 토지에 집착한 열정, 두 열정의 괴리가 결국 십자군을 좌절로 끝나게 한 원인이었다.

3. 상업의 부활과 도시의 융성

농업의 발전과 촌락의 성립

기사-영주제에 의한 치안의 회복과 교구교회에 의한 사회규범의 관리는 11세기부터 13세기에 걸쳐 농업을 변모시켰다. 프랑스의 인구는 1000년부터 1200년 사이에 약 2배가 되었고 1300년에는 4배가 되었다고 추정하는데 그 배경에는 대규모 개간과 기술 개량에 의한 식량 생산의 증가가 있다. 유럽의 경제와 사회에서 이 시기의 농업 생산의 변화는 18, 19세기의 공업 생산의 변화(산업혁명)에 필적하는 대전환으로 불린다.

기술 개량으로는 북부 프랑스에서 보이는 가축용 바퀴쟁기의 사용이나 삼포식농법의 도입과 수차나 풍차의 보급 등이 있고, 개인이나 특히 영주의 주도로 진행되는 개간은 각지에 '새로운 마을'을 탄생시켰다. 영주는 새 마을의 입식자(入植者)를 모으기 위해 공조(貢租)나 부역의 경감 등의 조치를 취하였고 종래의 장원에서도 직할 영지가 감소하고 부역 부담은 생산물의 공조로 대체되었다. 또한 이동 금지 등을 포함한 '농노' 신분은 폐지되는 방향으로 바뀌었다.

이리하여 토지 경작자의 생존 조건이 향상되자 그들을 구성원으로 하는 촌락공동체가 전반적으로 성립하게 된다. 교회 조직의 말단으로 교구가 기능하고 마을의 사제가 '신의 평화' 운동에서 역할을 다할 수 있었던 것도 이러한 농촌공동체가 운동의 장으로 성립하고 있었기에 가능하였다. 그리고 성주가 광역적인 지배권을 행사할 수 있었던 것도 주민이 분열되지 않고 촌락을 구성하고 있었기 때문이었다.

상업의 부활과 도시

결정적으로 중요한 것은 농민이 생산의 주체가 되기 시작했다는 점이다. 농민들에게는 여전히 영주의 공조가 부과되어 있으나 그들이 노력 또는 행운에 의해 곡물이나 그 외의 잉여 물품을 갖게 되었을 경우 그것을 팔아 돈으로 바꿀 수가 있었다. 이리하여 농업의 발달과 농민의 생활 향상을 기초로 고대 말부터 쇠퇴했던 상업이 부활하였다.

초창기 상업은 농민이 만든 생산물을 지고 운반하는

행상에서 시작한다. 점차 오래된 주교도시나 새 도시, 수도원, 성채, 항구 등지의 근처에 상인과 수공업자의 집락이 생겨나 인구가 증가해갔다. 12세기 후반이 되면 집락은 성채로 둘러싸인 도시로까지 성장한다. 14세기 초반에는 인구 1만 명 이상의 도시가 전 프랑스에서 약 25곳 있었고 그 대부분은 파리, 루앙, 부르주 등 북부에 있었지만 남부에도 툴루즈, 몽펠리에, 보르도 같은 대도시들이 생겨났다.

중세도시의 탄생은 새로운 사회적·정치적·문화적 공간의 출현을 의미한다. 그 주민들은 빵가게, 정육점, 숙박업 등 토지 소유자와는 동떨어진 경제활동에 종사하였다. 조건에 따라서는 급속도로 재산을 불리는 것도 가능한 사회여서 돈벌이나 검약과 같은 영주나 농민과는 인연이 먼 경제관을 갖는 '부르주아'('도시민')라는 새로운 타입의 사회층이 등장하였다.

그러나 도시는 모든 사람들에게 평등하게 기회를 제공하는 열린 장은 아니었다. 개인적 노력으로 일군 재산은 토지에 비해 불안정하므로 그 때문에 도시 내의 동업자들은 상호 부조의 조합을 결성하였다. 13세기의 파리에서는 그 수가 백 개에 달했다. 이들은 각각 특정의 수호

성인을 갖는 종교 단체이기도 하고 동업자의 증가를 제한하는 폐쇄적 집단이기도 했다. 또 동업조합 간의 관계도 평등하지 않았으며 유력 조합의 대상인들은 시내에 호화로운 회관을 짓고 도시의 관직을 독점하였다.

코뮌

도시 경제활동의 장해 요소는 그 지역의 전란이나 영주의 자의적인 과세이다. 그 '신의 평화'운동도 1070년에 북부 도시 르망의 시민이 영주의 새로운 세금에 저항하여 집단 서약을 한 것에서 처음 등장한 것으로 영주에 대한 도시의 자기주장의 표명이었다. '코뮌'이라 불리는 이 운동은 종국엔 다른 도시로도 파급되었다.

초기의 '코뮌' 운동에 대해 영주들은 엄격한 태도로 임했으나 도시 내에 과두 상인이 지배하는 질서가 생기면서 영주와의 사이에 타협이 성립할 여지가 생겨 다액의 화폐 공여나 정기적인 납세로 대체되었다. 도시는 행정, 과세, 재판의 자치 특권을 획득하였다.

이렇게 13세기에 각지에 생겨난 중세도시는 주민의 집

단 서약을 기초로 하는 단체이고 과두 상인이 시정을 독점하는 계층적인 사회였다. 나중엔 유력한 영주도 농촌에서 도시로 이주하고, 영방 군주의 궁정도 순회를 그만두고 특정 도시에 정착한다. 정치권력의 소재지는 대개 언덕에서 농촌을 내려다보는 성이 아닌, 벽과 해자로 둘러싸여 그 자체가 요새화된 도시가 되었다. 종교 활동의 중심도 전원에 있던 농촌의 수도원에서 도시의 성당으로 옮겨졌다. 특히 유력 시민들이 물품을 기증하여 세워진 주교좌 도시의 대성당(커시드럴)은 하늘로 우뚝 솟은 아치형 천장과 스테인드글라스가 로마네스크 건축의 애로점이었던 채광의 문제를 해결하여 기도하는 장소이자 시민들이 대화하는 장소가 되었다. 이 고딕 양식은 일 드 프랑스에서 태어나 유럽 각지로 보급되었다.

중세도시 파리

여기서 파리에 대해 조금 언급하자면 갈로로만시대에는 이곳은 루테티아로 불리는 교통의 요충지이었다가 6세기에 쇠퇴하였다. 게르만 국가의 왕은 수도를 정하지 않고 거처를 이동하는 것이 일반적이어서 카페왕조의 왕들도 파리보다도 루아르 강변의 오를레앙을 오히려 선호하였다.

　파리의 발전은 12세기부터 시작되는데 그 이유는 파리 분지가 프랑스 1위의 곡물 생산 지역이 되었고 이 당시의 서구 경제의 남북 양극, 즉 북이탈리아 도시들과 플랑드르 지방을 정기시로 연결하는 샹파뉴의 도시들(트루아, 프로뱅, 랑 등)이 센강의 수로를 통하여 직결되어 있었던 점 때문이었다. 또한 시내의 센강 좌측의 생트 주느비에브 언덕에 세워진 대학의 명성이 유럽 각지의 학생들을 집결시켰다. 1163년부터 착공된 노트르담대성당의 건립도 루이 9세 시대에 거의 완성되어 그의 치세인 13세기의 파리는 유럽의 경제·정치·문화의 중심이 되는 세 가지 조건을 겸비하고 있었다.

4. 카페왕조의 성공

새로운 타입의 영방 군주국

그렇다면 이 같은 사회에서 국왕은 어떤 위치를 차지할까. 앞서 말했듯이 초기의 카페왕조는 세력범위가 제한적이고 11세기에는 각지에 성주들이 할거하였기 때문에 더욱 세력권이 약화되었다가 12세기가 되면서 다시 넓은 영역을 지배하기 시작했다.

이 중세 중기의 카페 왕국이 중세 전기의 왕국과 다른 점은 봉건 가신단 외에, 고용한 상비군이나 지배 영역을 관리하는 중앙과 지방의 유급 관리를 거느리고 있다는 점이다. 이를 위해서는 영지에서 나오는 수입만으로 부족하였기 때문에 코뮌의 설치를 장려하여 도시로부터 공납금을 징수하고 또 많은 관료나 성직자가 왕을 보좌하는 궁정을 만들었다. 이렇게 왕은 영주, 교회, 도시와 같은 여러 세력을 연계하는 중심 위치를 차지하고 이들과 긴장을 포함한 공생 관계를 구축하였던 것이다.

그러나 이런 변화는 국왕뿐 아니라 다른 영방 군주들도 12세기가 되면 왕과 거의 같은 사정으로 세력권이 광역화되고 왕을 모델로 하는 궁정을 만들었다. 노르망디 공, 툴루즈 백 등 12세기의 대영주들은 모두 이 새로운 타입의 영방 군주들이다. 이 때문에 왕과 영방 제후가 병존하게 되었다. 카페왕조는 이들 영방 군주령을 계속해서 왕령지로 병합하여 14세기 초반에는 새 왕령을 포함하여 왕국의 약 4분의 3을 지배 아래에 두게 되었다.

이는 매우 주목해야 할 부분인데, 왜냐 하면 중세 중기의 초반에 대개 같은 조건이었던 동프랑크(독일)의 왕권은 앞서 언급한 영방 군주 가운데에서 황제로 뽑힌 작센 공 오토 1세의 혈통이 끊긴 뒤 선거로 프랑켄 공령의 잘리어왕조(1024~1125), 슈바벤 대공령의 슈타우펜 왕조(1138~1254)로 교체되었고 그사이에 황제와 봉건적인 주종 관계를 맺는 영방 군주들의 영역 지배권이 강화되었다. 그리고 황제 프리드리히 2세(재위 1212~1250)의 제국 전성기 이후 영방 군주들의 경합 때문에 국왕=황제를 선출할 수 없는 '대공위시대'(大空位時代, 1254~1273)가 되었다. 그 후 국왕=황제를 겨우 선출하였으나 독일은 크고 작은 수백 개의 영방 군주령으로 분열된 채 고정되어 이후 프랑스와 독일의 중요한 역사적 차이점이 되었던 것이다.

카페왕조의 성공

그 이유로 자주 지적되는 것이 '카페의 기적'으로 불리는 생물학적 요인이다. 카페왕조 시대의 왕은 비교적 장수하는 개인적 자질도 있었고 게다가 모두 남자 후계자가 있어 생전에 후계자를 정할 수가 있었다는 것이다. 이는 단순한 요인이기는 하지만 왕위의 계승 문제는 제후들이 간섭하기 좋은 최대의 기회이므로 확실히 중요한 점이다.

그러나 이유는 그뿐만이 아니다. 카페 가문의 본거지인 일 드 프랑스가 경제적으로 풍요로웠기 때문에 도시로부터 화폐를 조달하기 쉬웠고 또 경제력이 있어 가능했겠지만, 법률적 전문 훈련을 받아 '레지스터'(법조인)로 불리는 새로운 지식인을 왕의 측근으로 등용하여 이론가나 전문 관료로 왕정의 발전에 공헌시킬 수 있었던 것도 간과할 수 없다. 역대 왕들은 이런 유리한 조건을 살려 무력뿐 아니라 봉건법을 앞세워 결혼, 상속, 영지의 교환 등 모든 수단을 동원하여 세력 확대에 힘썼다. 특히 필리프 2세(존엄왕, 재위 1180~1223), 루이 9세(聖王, 재위 1226~70), 필리프 4세(미남왕, 재위 1285~1314)의 세 명이 왕권 확대에 큰 공적을 세웠다.

세력 확대를 도모하는 카페왕조에 있어 장애가 되는 세력은 국내의 봉건 영주 외에 제국 부활의 야망을 버리지 않고 있는 신성로마 황제와, 기독교 세계에서 군림하려는 로마교황이라는 두 개의 보편주의 세력이다.

황제와의 관계에서는, 카페왕조의 강대화를 경계한 황제 오토 4세, 플랑드르 백, 잉글랜드 왕 존의 연합군을 1214년 필리프 2세가 릴 근처의 부빈 전투에서 격파한 데 이어 황제 프리드리히 2세의 사후 독일이 대공위시대로 돌입했기 때문에 동쪽에서의 위협은 사라졌다.

로마교황과의 관계에서는, 서임권 분쟁이 독일만큼 심각하지는 않았고 또 제6, 7회 십자군을 지휘하여 튀니지에서 객사한 루이 9세가 황제나 군주들 중에서는 유일하게 '성인' 반열에 올랐기 때문에 오히려 프랑스 왕에게 유리한 편이었다. 그런데 신성로마 황제의 권위가 후퇴하는 13세기 후반부터 카페왕조는 그때까지의 교회에 대한 융화적인 태도를 바꾸어 공세를 취하며 1303년 필리프 4세의 측근의 법조가 기욤 드 노가레(1270년경~1313)가 로마 근교의 아나니에서 교황 보니파티우스 8세(재위 1294 ~1303)를 급습하여 포로로 삼은 사건까지 일으켰다. 교황은 곧 석방되었지만 1309년에는 교황 클레멘스 5세(재위

1305~14)가 로마의 정쟁을 피해 프랑스 남부 프로방스의 아비뇽으로 거처를 옮긴 이후 '교황의 바빌론유수'로 불리는 사태가 약 70년간 이어졌다. 이사이 7명의 교황의 대부분이 남프랑스 출신의 프랑스인이었고 교황청은 프랑스 왕의 영향 아래에 놓이게 되었다.

앙주 제국

그러나 카페왕조가 가장 힘들었던 것은 국외보다도 국내의 영방 군주, 특히 플랜태저넷 가문과의 항쟁이었다. 사건은 루이 7세(청년왕, 재위 1137~80)가 아키텐 공령의 여상속인 엘레오노르(1123년경~1204)와의 결혼으로 시작되었다. 이로써 피레네 지방에 달하는 광대한 남부의 토지가 왕령지로 편입될 예정이었다. 그러나 왕비와 플랜태저넷 가문의 앙주 백 앙리(1133~89) 사이에 추문이 생겨 루이 7세가 1152년에 이혼하자 엘레오노르는 앙리와 결혼하였다. 이는 카페왕조에 중대한 결과를 초래하게 되었다. 약 1세기 전인 1066년에 노르망디 공 기욤이 잉글랜드의 앵글로색슨 왕에게 후계자가 없는 틈을 노려 잉

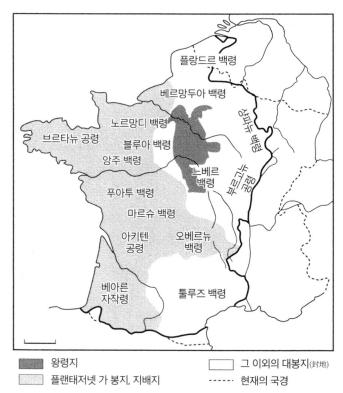

그림 2-1 필리프 2세 즉위(1180) 때의 프랑스 왕국. [Carpentier, J., Lebrun, F. (sous la dir. de). Histoire de France, Paris, Seuil, 1987을 바탕으로 작성]

글랜드로 침공하여 정복한 뒤 노르만왕조를 잉글랜드에 세웠는데, 이 왕위 후계자를 둘러싼 내란 가운데 앙리가 모계 혈통으로 잉글랜드의 계승자가 되었기 때문이다.

그리고 앙리가 1154년에 헨리 2세(재위 1154~89)로 잉글랜드 왕으로 즉위했을 때 이미 앙주 백의 영지 외에 노르망디 공령, 멘 백령, 투렌 백령, 아키텐 공령을 갖고 있었고 곧 브르타뉴 공령도 손에 넣었기 때문에 카페 가를 훨씬 능가하는 광대한 플랜태저넷 가 국가('앙주 제국')가 영불해협에 걸쳐 출현하였다(그림 2-1 참조). 플랜태저넷 가는 영방 군주로서는 프랑스 왕과 신종(臣從) 관계에 있으나 잉글랜드 왕으로서는 대등하다. 게다가 헨리 2세는 프랑스의 앙주 백령에 머무는 일이 많았다.

헨리 2세와 프랑스 왕의 관계는 근대국가의 논리로 보면 이상하지만 봉건국가의 논리로 보자면 문제가 없었다. 그리고 필리프 2세로부터 필리프 4세에 이르는 카페 왕조의 역대 왕들은 봉건법의 논리와 술책을 구사하여 봉토의 탈회(奪回)나 영방 군주의 신종화에 심혈을 기울였다. 그 결과 플랜태저넷 가는 대륙에 있던 영토의 반 이상을 잃고 기옌 공령과 퐁티외를 유지하는 정도가 되었다.

이리하여 14세기 초반 카페왕조의 프랑스는 유럽 정치에서 제1급의 지위를 점할 뿐 아니라 각지 궁정으로의 프랑스어의 보급, 일 드 프랑스에서 시작된 고딕 건축양식의 전파와 같이 문화적으로도 중심적인 위치를 차지하였다.

제 **3** 강
중세 후기의
위기와 왕권

잔다르크(동시대의 그림)

1339	백년전쟁 시작(~1453)
1346	크레시 전투(프랑스군, 영국군에 대패)
1348	페스트 유행(~50)
1358	에티엔 마르셀의 반란, 자크리의 봉기
1378	교회대분열(시스마)(~1417)
1407	오를레앙 공, 루이 암살. 아르마나크파 대 부르고뉴파의 내전 개시
1415	아쟁쿠르 전투(프랑스, 영국군에 대패)
1429	잔다르크, 오를레앙 해방
1431	잔다르크 재판, 처형
1435	아라스조약*(아르마나크파와 부르고뉴파의 화해)
1477	마리 드 부르고뉴, 합스부르크가의 막시밀리안과 결혼
1492	콜럼버스, 제1회 항해
1494	이탈리아전쟁, 시작
1498	바스쿠 다가마, 인도 도착

---

* Traité d'Arras, Treaty of Arras, 백년전쟁 중인 1435년의 9월 21일에 프랑스와 부르고뉴가 맺은 강화조약. 부르고뉴는 그때까지 동맹하고 있던 잉글랜드 측에서 이탈하여 프랑스와 화약을 맺어 백년전쟁의 귀추를 결정하였다.

중세 후기의 위상

유럽 지역세계에서 중세 중기는 질서 형성의 시대였으나 중세 후기(14, 15세기)는 전반적인 위기의 시대였다. 이 위기를 거쳐 근대국가로 이행하게 되는데 봉건제라는 개별적, 직접적인 관계에 입각한 왕정이 조세 징수를 기초로 상비군이나 관료의 기능을 정비하고 귀족을 궁정으로 통합하는 것이 근대국가라면, 그 이행은 13세기에서 17세기에 이르는 길고 연속적인 과정이어서 중세 말기에 독자적인 시대적 의미가 있다고는 생각지 않는다. 이 점에서 이 시대의 전문사가 베르나르 구네는, 왕권은 확립하였으나 그것이 어떠한 왕정이 될지는 아직 정해지지 않았다는 것이 이 시대의 특색이라고 했다.

그것을 단순화하여 바꿔 말하면 다음과 같다. 전쟁 등으로 화폐가 필요해지자 왕은 신하를 국가기구로 편입시켜 협력을 요청하지만 그 요청에 대한 결정을 신하가 자주적으로 판단할 수 있는가의 문제가 있다. 왕과 신하 사이의 '자유' 문제이다. 또 그 신하가 정당하게 인민을 대표하고 있는가의 문제도 있다. 인민들 사이의 데모크라시의 문제이다. 양쪽 모두 앞으로의 근대국가의 근본적인 문제이지만, 우선 전자의 문제가 맹아적으로 시작되

어 '억제된 왕정'이 될지 '절대왕정'이 될지는 아직 유동적
인 시대였다.

1. '위기'의 시대

기근과 페스트

  14, 15세기 유럽 전체를 덮친 '위기'는 기근, 역병, 전쟁
의 세 가지 재해가 겹쳐진 데 원인이 있다. 중세 사회에
서 기후 불순이나 전란에서 유래한 단기적인 기근은 드
문 일이 아니었지만 중세 말기의 그것은 더욱 만성적이
었다. 그 이유는 11세기 초부터의 인구 증가에 대해 경지
의 확대나 기술 개량이 따라가지 못해 인구과잉이 된 사
회구조라는 설명이 가장 설득력이 있다. 농민은 폐쇄적
인 자급경제로 돌아가 경제 전체가 침체하였다.

  이 서구 세계를 700년이나 모습을 감추고 있던 페스트
가 덮쳤다. 1347년 말, 중동으로부터 이탈리아 상선으로
옮겨져 마르세유에 상륙한 페스트균은 영양 불량으로 면
역력이 약해져 있던 유럽 사회에 2년 사이에 바로 창궐

하였다. 페스트는 그 후에도 주기적으로 유행하여 프랑스에서는 한 세기 반 사이에 주민의 30~50%가 목숨을 잃었다고 말해질 정도로 맹위를 떨쳤다.

백년전쟁

그러나 국지적으로 가장 큰 재해를 몰고 오는 것은 항상 전란이고 그중에서도 프랑스를 무대로 왕위 계승을 둘러싸고 벌어졌던 '백년전쟁'이 가장 피해가 컸다. 전쟁이 백 년 동안 쉬지 않고 이어졌던 것은 아니지만 간헐적으로 이어졌고 두 가지 국면으로 나뉜다.

카페왕조는 필리프 4세 사후 3명의 아들이 연이어 젊어서 사망했기 때문에 유명했던 '카페의 기적'도 끝나 심각한 계승 문제가 일어났다. 사촌인 발루아 가에서 왕위를 이어 새 왕 필리프 6세(재위 1328~50)가 즉위했는데, 필리프 4세의 딸을 모친으로 하는 잉글랜드 왕 에드워드 3세(재위 1327~77)가 계승권을 주장하면서 이에 오랫동안의 영국과 프랑스 왕가의 대립이 재연하였다(그림 3-1 참조). 이에 1339년 에드워드가 군대를 이끌고 북프랑스로 침

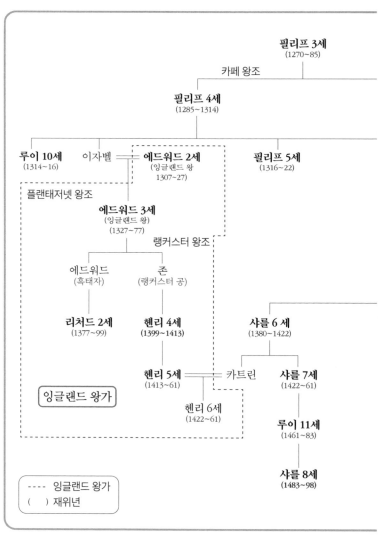

필리프 3세
(1270~85)

카페 왕조

필리프 4세
(1285~1314)

루이 10세
(1314~16)

이자벨

에드워드 2세
(잉글랜드 왕
1307~27)

필리프 5세
(1316~22)

플랜태저넷 왕조

에드워드 3세
(잉글랜드 왕)
(1327~77)

랭커스터 왕조

에드워드
(흑태자)

존
(랭커스터 공)

리처드 2세
(1377~99)

헨리 4세
(1399~1413)

샤를 6 세
(1380~1422)

헨리 5세
(1413~61)

카트린

샤를 7세
(1422~61)

잉글랜드 왕가

헨리 6세
(1422~61)

루이 11세
(1461~83)

샤를 8세
(1483~98)

---- 잉글랜드 왕가
( ) 재위년

그림 3-1 중세 말기의 프랑스·잉글랜드 왕가 계보도

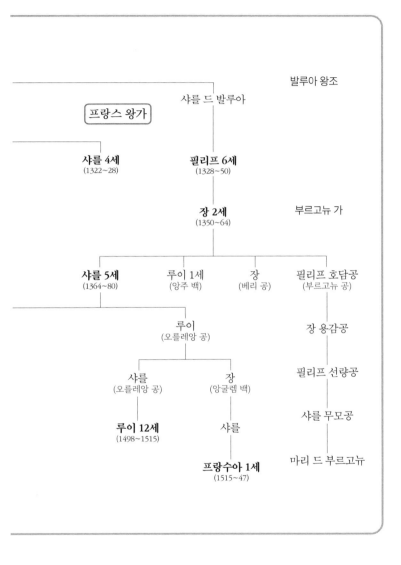

발루아 왕조

샤를 드 발루아

프랑스 왕가

샤를 4세
(1322~28)

필리프 6세
(1328~50)

장 2세
(1350~64)

부르고뉴 가

샤를 5세
(1364~80)

루이 1세
(앙주 백)

장
(베리 공)

필리프 호담공
(부르고뉴 공)

루이
(오를레앙 공)

장 용감공

샤를
(오를레앙 공)

장
(앙굴렘 백)

필리프 선량공

루이 12세
(1498~1515)

샤를

샤를 무모공

프랑수아 1세
(1515~47)

마리 드 부르고뉴

입하면서 백년전쟁이 시작되었다.

프랑스 측은 첫 전투에서 대패했지만 1375년에는 칼레, 보르도, 바욘을 제외한 실지를 거의 회복하였다. 이것이 백년전쟁의 제1국면이다.

제2국면은 평온했던 약 30년 후 프랑스 측의 내부 분열에서 시작되었다. 발루아왕조의 샤를 6세(재위 1380~1422)의 뇌신경질환이 악화되어 그의 동생 오를레앙 공루이와 종형제인 부르고뉴 공 장이 권력투쟁을 벌였다. 1407년 부르고뉴 공이 루이를 암살했기 때문에 '부르고뉴파'와 '오를레앙-아르마나크파' 사이의 내전이 되었다. 부르고뉴파는 동부와 북부의 기사층을, 오를레앙-아르마나크파는 서부와 남부의 기사층을 기반으로 하였다.

한편 잉글랜드에서는 1399년에 랭커스터 왕조가 성립되어 있었고 헨리 5세(재위 1413~22)가 프랑스 내란을 틈타 1415년에 노르망디로 침입하여 아쟁쿠르 전투에서 대승하여 귀국하였다.

프랑스에서는 아르마나크파가 왕태자 샤를(나중의 샤를 7세)를 옹립한 데 대해 샤를 6세를 내세운 부르고뉴파는 1420년 다시 침입한 헨리 5세와 트루아조약을 체결하였다. 이로써 헨리 5세가 샤를 6세의 딸 카트린과 결혼하여 샤를 6세 사후 프랑스 왕위를 계승하게 된다.

1422년 영·불 양국의 왕이 우연히도 연이어 사망하였기 때문에 조약에 따라 헨리 5세의 아들 헨리 6세(재위 1422~61)가 생후 10개월에 두 나라의 왕이 되었고 숙부인 베드퍼드 공이 섭정이 되어 루아르강 이북의 북프랑스를 지배하였다.

부르고뉴 공은 친영(親英)적 입장으로 동부를 지배하였다. 왕태자 샤를도 또한 샤를 7세(재위 1422~61)라 칭하며 부르고뉴로 퇴각하여 루아르강 이남을 지배하고 있었는데, 어머니 이자보가 왕태자는 혼외자로 발루아 가문의 혈통이 아니라고 증언하였기 때문에 자신감을 잃고 사기가 떨어진 상태였다. 1428년 베드퍼드 공은 이 애매한 상황을 한 번에 타개하기 위해 아르마냐크파의 요지 오를레앙을 포위하였다. 잔다르크(1412~31)는 바로 이때 등장했던 것이다.

잔다르크

잔은 로렌의 동레미 마을의 부유한 농민의 딸로 1429

년 오를레앙 포위를 알게 되자 결심하고 왕태자를 만나러 가 루아르 강변의 시농성에서 전사로 출전하는 데 성공하였다. 천사의 부름을 받아 입성한 그녀를 맞이한 오를레앙은 사기가 올라 10일 후에 '기적적'으로 해방되었다.

마침내 그녀는 주위의 반대를 물리치고 랭스로 진격하여 7월 랭스대성당에서 샤를 7세의 성별식(聖別式)을 실현시켰다. 이로써 신뢰를 받지 못하고 있던 샤를의 지위는 강해지고 정세는 점차 유리해졌지만 다음 해 5월 잔은 파리 근교의 전투 중에 부르고뉴군의 포로로 잡혔다. 부르고뉴파는 몸값 대신으로 잔을 잉글랜드군에 팔아넘겨 1431년 5월 30일 악의와 계략에 찬 이단 재판 끝에 이단으로 몰려 그녀는 루앙의 광장에서 화형에 처해졌다.

이후 아르마냐크파와 부르고뉴파는 1435년에 화해하고 잉글랜드군은 점차 퇴각해갔다. 1453년 영국 수중에는 대륙 측의 영토로 칼레만 남고 백년전쟁은 끝이 났다.

'오를레앙의 기적'이란 무엇이었을까.

잔다르크는 일본에서는 대체로 나폴레옹과 비견되는 프랑스사의 유명인이다. 그러나 프랑스에서 그녀가 '구국의 소녀'로서 역사적 관심의 대상이 된 것은 주로 19세기 중엽 이후의 일로 그전까지는 무관심 내지 망각된 채로 방치되어왔다. 이 소녀를 처음으로 형상화한 공화주의 역사가 미슐레는 잔을 애국적이며 공화주의적인 민중의 딸로 추켜세웠고, 이에 대해 반공화주의인 가톨릭은 신앙의 초자연적인 힘을 강조하였다. 이 대립은 제3공화정의 안정과 함께 나중엔 '애국의 성녀'라는 절충적 이미지로 바뀌었고 그에 따라 이번엔 잔을 반(反)앵글로색슨의 심벌로 보는 우익 내셔널리즘이 대두하였다.

이같이 잔다르크는 제7강 이후에 언급할 국민국가의 발생과 연결되어 신화화되는 전형적 예의 하나인데, 그것을 거리를 두어 역사 속에서 고찰해보면 적어도 두 가지를 지적할 수 있겠다.

첫 번째는 이는 근대 국민감정과 관련된 것이 아니다. 동레미 마을은 부르고뉴파가 강한 동부 지역에 있어 예부터 발루아령이었다. 잔도 전화를 피해 한때 마을을 떠난 경험이 있는데 이즈음부터 '프랑스를 구하라'라는 '신의 소리'를 자주 듣게 되었다고 한다. 잔을 움직이게 한 동기는 향토애와 랭스의 성유로 성별되는 신성한 왕이라는 민중 사이에 퍼져 있던 국왕 관념이며, 그녀가 샤를의 성별식을 중시했던 것도 계산된 전략은 아니었다. 이 같은 민중적 신앙에서 비롯된 과감한 행동이 아군에게는 자신감을, 적에게는 공포를 일으키는 '기적'을 만들었다. 이런 의미에서 중세는 종교의 시대였다.

두 번째로 백년전쟁의 경과에서 보듯이 정치 정세는 왕조의 대립이고 국민적 사건은 아니다. 부르고뉴파와의 화해를 모색하는 왕의 측근들에게 잔의 순수한 전투주의는 반갑기만 한 것은 아니었다. 또 그녀로 체현되는 민중적 종교 감정에 대한 경계심도 강해졌으리라. 이 때문에 왕 측은 잔을 구출하려는 움직임을 전혀 보이지 않고 그녀를 버렸다. 이렇게 위기에 직면하여 분출된 민중적 정열은 왕권에 의해 이용되고 희롱당하며 끝이 났던 것이다.

위기의 귀결

중세 말의 위기는 봉건사회를 구성하는 영주, 교회, 도시의 세 권력을 변화시켰다. 가장 타격을 받은 것은 영주층이었다. 인구 감소와 농촌의 황폐 때문에 기본 수입원인 봉건적 공조(貢租)의 기초가 흔들리는 타격을 받았고,

전쟁으로 가계가 단절되거나 막대한 포로의 배상금을 지불하는 일도 적지 않았다. 부담을 전가받은 농민들은 저항하여 1358년에는 '자크리의난'으로 불리는 대규모 농민반란이 북프랑스에서 일어났다. 15세기 후반부터는 전화도 진정되고 영주의 소령(所領) 경영도 겨우 재건되었으나 농민 유치를 위한 농민의 토지 보유권의 강화나 공조의 경감 등 대폭적인 양보를 하지 않을 수 없게 되었다. 이 때문에 영주층은 궁정으로 들어가 국왕으로부터 관직이나 연금을 받는 방향을 취하기 시작하였다. 루이 11세(재위 1461~83)의 사망 시에는 약 750명이나 되는 궁정인이 있었다고 한다.

왕과 교회의 관계도 달라졌다. 1377년에 교황 그레고리우스 11세는 아비뇽에서 이탈리아로 돌아갔지만 반대파인 프랑스인 추기경들은 또 다른 교황을 추대하여 약 40년간 '교회대분열'(시스마)이 일어났다. 분열은 콘스탄츠공의회(1414~18)에서 해소되었으나 교황의 권위는 실추되었다. 프랑스 주교들 사이에서도 교황으로부터의 자립심이 강해져 1438년 샤를 7세는 부르주에서 성직자회의를 열고 프랑스 교회에 대해 국왕의 우위성을 주장하는 국사 조서를 발표하였다. 이는 프랑스 교회를 교황

권으로부터 독립시키는 '갈리카니슴'(갈리아주의=국가교회주의)으로의 중요한 행보가 되었다.

마지막으로 도시를 보면, 그때까지 왕권과 비교적 협조해온 파리는 백년전쟁 중에 중세에 반발하여 반왕권의 선두에 서 있었다. 1358년 파리의 상인 대표(시장에 해당) 에티엔 마르셀(1315년경~58)이 반란을 일으켰고 그 후에도 반란이 속출하였다. 그러나 15세기 후반이 되면 도시의 과두 상인들은 국내 질서의 보장을 왕에게 기대하게 되고 왕 측에서도 악화의 회수 등 경제정책에 힘을 쏟았다. 동시에 상층 시민은 영주의 토지를 사들여 왕의 행정 기구로 들어가 체제 내에서 정치적 발언권을 확보하는 방향을 취하기 시작하였다.

2. 왕정의 강화

왕정 기구의 정비

이같이 중세 말기의 위기는 왕정의 발전에서 보면 유리한 사회적 조건이 되었는데 이는 세 가지 분야에서 생겨났다.

첫 번째는 왕정 기구의 정비이다. 그때까지의 왕정의 이상적 모습은, 왕이 조세 수입에 기대지 않고 왕령지로부터의 수익만으로 견실히 생활하고 또 뱅센성의 떡갈나무 아래 앉아 공정하게 재판하는 겸허한 성왕 루이 9세의 이미지가 보여주듯이 왕과 종자와의 관계는 직접적, 개인적, 가부장적이었다. 이것이 봉건 왕정이다. 그런데 왕권의 확대에 따라 왕정이 '기구화'되어갔다. 여기서 조금 시대를 거슬러 그 주요한 점만을 들어보자면, 중앙의 최고 결정 기관은 왕과 소수의 중신으로 구성되어 12세기경에 정비된 '국왕고문회의'로 13세기의 루이 9세 치세에 그 기능을 분리하여 사법을 맡은 고등법원(파를망), 재정의 회계검사원(샹브르 드 콩트)이 독립 기관이 되어 있었다. 그것이 15세기 이후 고등법원은 파리 이외에도 툴루즈, 그르노블, 디종, 보르도 등지에, 회계검사원도 그르노블, 디종, 앙제 같은 새롭게 병합된 지역의 주요 지방 도시에 신설되었다.

또한 지방 기구로서는 예부터 왕령지의 징세, 사법을 맡은 관리인 '프레보' 직이 있었으나 세습화하여 효과가 없어졌기 때문에 필리프 2세 치하에 그것을 감독할 유급 관리인 '바이이'(남부에서는 '세네샬')가 설치되었다. 이 직은 18세기까지 역할을 한 중요한 지방 관료로 증원되었다. 이로써 항상적 재원으로서의 조세를 징수하는 것이 가능해져 15세기 말에 프랑스 왕은 양과 질 모두 유럽 최강의 육군을 보유할 수 있었다.

그리고 재무, 사법, 행정의 관리가 많아지면서 선임 퇴임자가 일정액의 보수를 받는 대신 후임 후보자를 왕에게 추천하고 왕이 그를 임명하는 관습이 14세기 말에 시작되었다. 이 사적인 매관제(賣官制)는 나중에 언급하듯이 결국엔 공적인 제도로 크게 발전하였다,

전국 삼부회

중세 말기의 중요한 제도인 전국 삼부회도 이런 문맥에서 이해할 필요가 있다. 삼부회는 교황 보니파키우스 8세와의 대립이 한창이었던 1302년 필리프 4세가 교황에 대해 강경한 자세를 보이며 국내의 지지를 얻기 위해 영주, 성직자, 도시민의 대표를 파리의 노트르담대성당으로 불러 모은 데서 시작되었다. 그 후에도 때때로 주민의 대표

회의가 소집되었는데 이는 왕이 세금을 징수할 때 관계자의 동의를 필요로 한다는 로마법의 원칙 때문으로, 루이 11세의 사망 1년 후인 1484년 투르 회의에서 성직자, 영주(귀족), 시민(평민, 제3신분) 대표로 구성할 것을 확정하였다. 이는 역시 국가가 주민과의 직접적 관계를 넘어 조직화되었을 때 주민 대표의 합의를 얻을 필요가 있음을 말해주고 있다. 그러나 거기에는 정책에 대해 전국 규모의 여론의 지지를 조직하려는 왕 측과, 왕의 자의를 통제하려는 주민 측 사이에 양방의 생각이 커져 국정에서의 전국 삼부회의 위상이 모호해졌다. 그 때문에 왕권으로서는 가능한 한 소집을 피하려 하거나 또는 개최해도 '의회'가 아닌 왕의 의사의 일방적 통달로 끝내려 했다. 이리하여 전국 삼부회는 장래의 분쟁의 씨앗이 되었다.

왕권의 이론과 왕의 의례

　두 번째는, 필리프 2세 이래 왕은 왕령지의 확대에 따라 개별 영주나 영방 군주에 대한 왕권의 우월성을 주장하는 데 힘을 쏟았다. 왜냐 하면 왕으로 존재하기 위해서는 단순히 사법 혹은 군사 권력을 갖는 것뿐 아니라 다른 영주와는 질적으로 구별되는 무언가 특별한 자질이 필요했다. 그 때문에 13세기부터 15세기에 걸쳐 왕의 측근인 '레지스트'들에 의해 후세의 왕권신수설의 선구가 되는 왕권 이론이 구축되고 있었다.

이 점에 대해서는 폴란드 태생의 망명 미국사사 에른스트 칸토로비치의 설이 유명하다. 중세의 정치신학이 왕권의 이미지를 '자연적 신체'와 '정치적 신체' 두 가지 방향으로 동시에 발전시켰다는 지적이다. 전자는 혈통을 강조함으로써 '왕가'가 신성시되는 물리적 신체이고, 후자는 신의 은총을 받았음을 강조하여 '왕위'가 신성시되는 신비적 신체이다. 후자는 왕의 육체를 넘은 추상적 관념이 되어 근대적인 '왕권' 개념으로 길을 열게 된다.

그러나 중세 후기에는 단순히 왕권 이데올로기뿐 아니라 왕권을 신성시하는 여러 상징 장치가 발전하였다.

제1강에서 말했듯이 랭스대성당의 성별(聖別)이 전례화되어 정착한 것은 루이 9세 시기인 13세기인데 이로써 중세 프랑스 왕권의 특징이 되는 표상 시스템이 확립되었다. 중세사가 르 고프에 의하면 그것은 초자연력을 부여받아 신과 인민의 중계자가 되는 신성함, 교회의 활동을 보조하는 숭고함, 교회인으로서의 역할도 다하는 사제성, 그리고 성별 후의 최초의 행위인 '로열 터치'로 병자를 낫게 하는 기적력, 이 네 가지이다.

또한 왕이 처음 도시로 들어가거나 성별 후나 전승 후에 도시로 귀환할 때 도시가 전국적인 축제일이 되는 '앙트레 루아얄'의 의례가 생겨난 것은 14세기이다. 이들에는 단순히 왕의 신성함의 과시 이상으로 왕을 중심으로 일상생활을 규율하는 사회질서 구축의 의도가 숨겨져 있었다. 예를 들면 15세기 이후 왕의 장례 행렬에 파리고등법원장이 왕의 관 옆에 서게 되었는데 이는 파리고등법원의 사회적 서열이 격상되었음을 의미하고 있다.

영방 군주령의 소멸

세 번째로, 11세기 이래 왕정의 걸림돌이 되어온 영방 군주령이 소멸하였다. 앞서 언급했듯이 왕권은 영방 군주령을 계속 병합하여 왕령지를 확대시켰고 그 일부를 친왕령(親王領)으로 삼아 부르고뉴 공이나 오를레앙 공 같은 왕족들이 영유하게 하였다. 잉글랜드군이 철수한 뒤

이번엔 왕족들이 왕권을 위협하는 존재가 되었는데 특히 경제적으로 가장 선진 지역인 플랑드르를 갖고 있는 부르고뉴 공은 본가의 왕을 넘어서는 세력을 자랑하였다. 이에 15세기 후반에 화려한 궁정을 짓고 왕위를 노리고 있는 사치스러운 부르고뉴 공 샤를(무모공, 1433~77)과 음험하고 변덕스러운 루이 11세(재위 1461~83)와의 숙명적 대립이 벌어졌고 샤를은 계략에 속아 전사하였다.

루이 11세는 부르고뉴와 피카르디를 손에 넣었고, 샤를의 딸 마리는 오스트리아 황제의 아들 막시밀리안과 결혼하여 프랑슈콩테, 아르투아, 플랑드르, 네덜란드를 합스부르크가로 가져갔다. 루이 11세는 이 실책을 메우기 위해 앙주, 멘, 프로방스를 병합하는 데 성공하였다(그림 3~2 참조). 이렇게 영방 군주들은 해소되고 프랑스 왕은 불완전하나마 영역적인 통일을 달성하였다. 한편 잉글랜드 왕국은 대륙 지배의 야심을 포기하고 섬나라가 되었다. 이는 양국 모두 국민감정이 싹트는 조건이 되었다. 이젠 컴팩트한 국토의 지배자가 된 프랑스 국왕은 독일에서 일어난 합스부르크가와 대륙의 패권을 둘러싸고 수세기에 걸쳐 대립하는 국면으로 접어들었다.

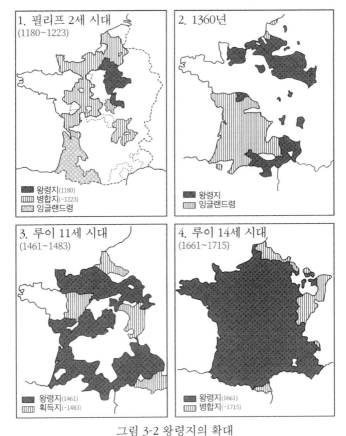

1. 필리프 2세 시대
(1180~1223)

■ 왕령지(1180)
▥ 병합지(~1223)
▨ 잉글랜드령

2. 1360년

■ 왕령지
▥ 잉글랜드령

3. 루이 11세 시대
(1461~1483)

■ 왕령지(1461)
▥ 획득지(~1483)

4. 루이 14세 시대
(1661~1715)

■ 왕령지(1661)
▥ 병합지(~1715)

그림 3-2 왕령지의 확대
(Burguière, A.,Revei, J.(sous la dir de),Histoire de la France:
L'espace Français, Paris, Seuil, 1989를 바탕으로 작성)

중세 국가 종결의 비교

중세 말기의 왕권의 집권화는 프랑스뿐 아니라 유럽 지역세계의 일반적 경향이었다. 프랑스의 독자성은 무엇일까.

영주, 교회, 도시의 삼자가 치안, 규범, 경제의 자립적인 권력으로 성립하는 것이 중세 중기 이 지역세계 전체의 특색이라면, 왕권과 세 권력과의 관계 사이에 독자성이 보인다. 이에 매우 대략적이기는 하지만 프랑스, 잉글랜드, 독일의 중세 국가의 종결의 모습을 비교해보겠다.

프랑스의 중세사가 마르크 블로크는 초기 카페왕조의 지배 범위인 루아르와 뫼즈, 두 강 사이의 왕령지가 봉건제가 전형적으로 성립한 좁은 지역인 점을 중시하고 있다. 그 때문에 그 이외의 영방 군주령에는 지역적인 관습법이 깊이 뿌리를 내려 왕이 여러 영방 군주령을 차례차례로 병합했을 때 중앙에서 파견된 국왕의 관리인 바이이나 세네샬은 지방 세력과 강한 긴장 관계를 갖게 된다. 그러나 그와 동시에 국왕은 귀족들의 회유를 위해 평민에게만 과세하고 귀족은 피로 부담한다고 하며 귀족(과 성직자)을 우대하였다.

이런 관점으로 잉글랜드를 보면, 거기에는 윌리엄 1세

의 노르만 정복왕조가 앵글로색슨 시기의 영방 군주권을 해체하고 왕이 전 국토의 지배자가 되어 사법, 과세권을 모두 집중시켜 귀족도 과세의 대상이 되었다. 지방에서 왕권의 대리인들은 왕에게 납부금을 납부하는 대신 직무를 맡게 되는 '셰리프'가 되어 대륙에도 한 발을 걸치는 왕권에 대해 토착 세력으로서의 독립성을 띤다. 만약 셰리프가 왕에 저항하여도 왕권의 대리인이라는 기능이 확립되어 있기 때문에 왕정 자체의 해체가 아닌, 왕정의 틀 안에서의 발언권을 확보하는 방향으로 움직였다. 그 때문에 잉글랜드는 통일국가 성립과 지방자치 시스템이 균형을 유지하며 진행되었다. 프랑스의 삼부회에 해당하는 의회에 대해서도 왕정과 귀족의 균형이 지켜졌다.

이에 비해 동프랑크왕국에서는 백이 봉(封)이 아닌 관직의 보유자라는 관념과 왕이 세습이 아닌 선거로 뽑히는 카롤링거 왕국 이래의 관례가 이어졌다. 왕은 카페 왕가와 같은 좁지만 확고한 기초가 되는 왕령지를 갖고 있지 않았다. 그 때문에 나중에 백령(伯領)이 자립했을 때 각각이 왕국으로 자립하여 독일은 정치적으로 분열하였다. 이 같은 비교사적으로 보면 프랑스의 집권(集權) 국가로의 이행은 사회적인 조건의 성숙을 기다리지 않고 왕

권이 정치적으로 영방 권력을 차례차례로 모으면서 진행
되었다. 따라서 견고한 관료 기구와 왕권의 신성화는 그
집권화가 수반하는 갭에 조응하고 있다. 유럽 중에서 가
장 기독교적이라고 존경받는 프랑스의 왕은 국내적으로
가장 긴장 관계를 갖고 있는 왕으로서 근세를 맞이하게
된 것이다.

제 **4** 강
근대국가의 성립

샹보르성

1494	이탈리아전쟁 개시(~1559)
1559	카토캉브레지 조약*
1562	바시의 학살**(종교전쟁 시작)
1572	성 바르톨로메오 축일의 학살
1581	네덜란드 독립선언
1589	앙리 3세 암살, 앙리 4세 즉위
1598	낭트칙령
1610	앙리 4세 암살
1618	30년전쟁 시작(~48)
1624	리슐리외, 국무회의 참가
1627	라로셸 포위(~28)
1643	루이 14세 즉위
1648	프롱드의난(~53)
1661	루이 14세, 친정 개시
1667	네덜란드 계승 전쟁(~68)
1672	네덜란드전쟁(~78)
1685	낭트칙령 폐지
1688	팔츠 계승 전쟁(~97)
1701	스페인 계승 전쟁(~14)
1715	루이 14세 사망

---

*Traités du Cateau~Cambrésis: 16세기 전반의 이탈리아를 둘러싼 전쟁에서 싸운 발루아 왕가(프랑스)와 합스부르크가(오스트리아·스페인)이 1559년에 맺은 강화조약으로 같은 해 펠리페 2세가 프랑수아 앙리 2세의 장녀와 결혼하면서 실현되었다.
**Massacre de Wassy, 1562년 3월 1일 프랑스의 바시에서 기즈 공 프랑수아의 병사들의 무력 행동으로 시민과 위그노 예배자들을 살해된 사건.

근대 세계의 개막

프랑스사에서는 프랑스혁명 이전을 '앙시앵레짐'('구체제')으로 부른다. 이는 모든 과거와 결별한다는 프랑스혁명 당시의 강렬한 단절 의식의 표현으로, 그 당시 이 말은 중세에서 혁명 전야까지의 전 기간을 포함하고 있었다. 그러나 지금은 16세기부터 혁명 전야(1789)까지를 가리키는 중립적인 시대 구분의 용어이고 유럽사 일반에서는 '초기 근대'라 말한다. 즉 16세기부터 '근대'가 시작되는 것이다.

16세기 이후 유럽 지역세계는 동아시아나 이슬람 지역세계에 비해 경제·정치·문화면에서 현저한 발전을 이루어 현재에 이르는 구미 패권의 과정이 여기서 시작된다. 프랑스의 발전도 이 지역세계 전체 움직임의 일부로서 이해할 수밖에 없을 것이다.

그렇다면 왜 근대에 들어서면 유럽 지역세계의 현저한 발전이 시작되는가라는 물음이 생긴다. 큰 문제이고 다양한 해석이 있겠지만 나는 16세기에 시작되는 이른바 '세계의 일체화'에 주목하고 싶다. 그때까지 단절 내지 교섭이 드물었던 복수의 지역세계가 영속(永續)적인 관계로 들어간 것이다.

이 관계는 유럽 지역세계가 미국, 아프리카, 아시아 같은 비유럽 지역세계로 일방적으로 활동 규모를 확대한 것은 아니다.

그것의 가장 두드러진 케이스로서 동아시아를 보면, 거기에는 유럽인 도래 이전의 15, 16세기에 활발한 해상 진출의 시기가 있고 동아시아 해역에 아시아 상인들에 의한 광범한 교역망이 성립되어 있었다. 유럽인의 진출이란 이 기존의 동아시아 교역망에 그들이 직접 참입해 온 것이며 그것 없이 그들의 활동은 불가능했다. 그러나 잘 알다시피 유럽 나라들이 이후 더욱 해상 활동을 계속 확대시킨 데 비해 일본과 중국은 도항이나 무역을 제한 또는 금지하는 '해금'(海禁)으로 전환하였다.

이는 언뜻 보면 유럽 나라들이 '근대'의 길을 계속 나아간 데 비해 동아시아 국가들이 그 무대에서 퇴장한 듯한 인상을 준다. 그러나 그렇지 않다. 이 동서의 대비는 국내 질서의 재건을 우선하는 '내향'적인 동아시아 국가와, 수확이 많은 해외 활동의 확대를 지향하는 '외향'적인 유럽 국가와의 상호 규정 관계를 보이는 것에 지나지 않는다. 그리고 그 '외향'과 '내향'과의 보완관계가 아닌 다종다양한 종속 관계를 갖는 미국, 아프리카, 아시아 지역세계를 포함한 다양한 상호 규정 관계의 총체가 근대의 '자본주의적 세계 체제'이다. 유럽의 '초기 근대'와 일본의 '근세'란 세계사적으로는 동시대인 것이다. 이에 나는 앞으로 귀에 익숙지 않은 '초기 근대'라는 용어를 피해 유럽에서도 굳이 '근세'라는 용어를 쓰겠다. 이 '근세'의 세계 체제 가운데 무엇이 프랑스에서 일어났는가가 이 강의 내용이다.

1. 근세 유럽의 대변용

근세의 동아시아

　유럽으로 들어가기 전에 명확한 대비를 하기 위해 동아시아에 대해 좀 더 논해보겠다. 앞서 말했듯이 유럽인의 내항 이전에 동아시아 해역에는 중국인, 인도인, 일본인 등에 의한 활발한 교역권이 성립하고 있었지만 17세기 이후에는 일본과 중국은 '해금' 정책으로 전환하였다. 그러나 나중에 '쇄국'으로 불리는 일본의 '해금'은 문자 그대로 '나라를 잠근' 것이 아니라 그 직후의 교역량은 일시적으로는 오히려 증가하고 있다. 즉 도쿠가와 막부는 국가 간 교역의 담당자를 유럽인의 손에 맡기는 희생을 치르면서까지 국내 질서의 확립을 우선하였다. 따라서 근세 일본의 경제는 유럽 국가들처럼 해외무역과 연동하여 크게 발전하지는 않았지만 내향적으로 국내시장의 성숙을 가져왔다. 그것이 막부 말기 개항으로의 어느 정도의 대응력이 되었던 것이다.

한편 동아시아의 국가 간 시스템은 나중에 언급할 유럽의 '주권국가 시스템'과는 완전히 달랐다. 동아시아에서는 예부터 중국을 중심으로 하는 책봉 체제가 존재하였는데 이 화이질서(華夷秩序)는 일견 근세 유럽과는 달리 국가 간의 항상적인 경합의 격화, 전쟁과 같은 사태로 가지 않기 위해 큰 변용(變容)을 보이지는 않는 듯이 보인다. 그러나 명·청의 정권 교체를 목격한 막부는 이를 '화이변태(華夷變態)'로 보고 신국(神國) 사상 같은 일본적 소(小)화이질서 관념을 만들어냈다. 이렇게 도쿠가와 막부는 중국 중심의 화이 체제에서 한발 거리를 두고 안으로 침잠하였다. 따라서 동아시아의 전통적인 국가 간 시스템은 전혀 바뀌지 않은 채 19세기 중엽에 처음으로 '근대'와 직면당한 것이 아니다. 근세 이후 분명히 근대적 세계 체제 속에서 변질되고 있었던 것이다.

대서양 경제

이제 근세 이후의 유럽으로 이야기를 돌리자면 국가의 '외향성'에 유래하는 변용은 경제에서의 '대서양 경제' 정치의 왕권국가 시스템으로 집약된다. '대서양 경제'란 16세기 이후의 아메리카 및 아시아로의 해외 진출의 결과 원격지 상업이 무대가 지중해와 발트해에서 대서양으로 옮겨져(아시아 무역도 대서양을 경유한다) 그 때문에 급속도로 흥륭한 대서양 연안 나라들의 초기 자본주의의 발전을 말한다. 그 중심은 처음엔 스페인, 포르투갈이었고 이어 17세기부터 네덜란드, 잉글랜드, 프랑스로 옮겨졌다. 프랑스는 프랑수아 1세 때부터 북미 동해안에 조사대를 보내 특히 캐나다를 조사했다. 하지만 왕들의 주된 관심은 유럽 대륙 내의 이탈리아 지배에 쏠려 있었기 때문에 신대륙 진출은 조금 뒤처졌다. 그러나 17세기부터는 인도나 카리브해의 앤틸리스제도의 식민지 경영에 힘을 쏟았다.

해외무역은 국가의 경제, 재정에 큰 요인이지만 스페

인의 예에서 보듯이 그것이 국내 경제와 잘 연계되지 않으면 발전 요인이 되지 못한다. 그 때문에 관계된 여러 나라들은 총력을 기울여 국내 경제의 보호 육성에 힘쓰면서 해외무역을 지원하고 그를 위한 군사 행위도 불사하였다. 이리하여 이른바 '전기 공업화' 시대의 초기 자본주의의 세계 체제는 경제생활의 단위로서, 정치체로서 개별 국가들의 응집력을 강화시키게 되었다.

이탈리아전쟁에서 30년전쟁으로

유럽 근세의 국제 관계는 동아시아와 달리 전면적인 전쟁의 시대로 돌입한다. 전통적인 대립관계와 더불어 해양 상업을 둘러싼 대립이 시작된 것이 원인이었다. 이를 통해 국가 간 관계가 바뀌게 되었고 이탈리아전쟁이 그 전기가 되었다.

이탈리아전쟁 자체에는 기독교 세계의 맹주가 되려는 근세적 환상이 깔려 있다. 백년전쟁으로 인한 피폐에서 겨우 회복한 프랑스 왕 샤를 8세(재위 1483~98)가 이탈리아 지배의 꿈에 사로잡혀 1494년 스페인의 아르곤 왕이 점령하고 있는 나폴리왕국의 왕위 계승권을 주장하며 이탈리아로 출병한 것이 발단이다. 역대 왕들이 그 뜻을 이어받아 드디어 프랑수아 1세(재위 1515~47, 발루아-앙굴렘 왕조)가 1516년 교황과 스위스, 누아용과 화의를 맺었다. 이탈리아의 제후들과 신성로마제국의 황제, 아라곤 왕 등이 역대 프랑스 왕의 야망을 방해하였으나 결국 북이탈리아를 프랑스 왕이, 남이탈리아를 아라곤 왕이 지배하는 것으로 결정되었다. 이탈리아의 르네상스 예술이 프랑스에도 전해져 샹보르성 등 루아르 유역의 화려한 성채에서 보이는 프랑스 르네상스 예술의 개화는 프랑수아 1세의 이탈리아 출병에 힘입은 바 크다.

그런데 신성로마 황제에 카를 5세(재위 1519~56)가 취임하자 이탈리아전쟁이 1521년부터 재개되었다. 이번엔 부르고뉴 가문의 소령(所領)을 비롯하여 스페인 왕위, 나아가 합스부르크가의 오스트리아를 계승하여 광대한 토지를 얻게 된 카를 5세가 서구 기독교 세계의 맹주가 될 야망을 품고 있었기 때문에 프랑스를 선두로 독일, 이탈리아의 제후와 잉글랜드 왕이 이를 저지하는 쪽이 되었다. 전황은 일진일퇴 끝에 마침내 프랑스와 합스부르크가 쌍방의 재정이 고갈되어 1559년 카토캉브레지 조약을 맺고 끝이 났다. 프랑수아 1세를 이은 앙리 2세(재위 1547~59)는 이탈리아를 단념하고 잉글랜드 국왕은 칼레에서 철수하였다. 카를 5세부터 스페인 왕위를 이은 아들 펠리페 2세(재위 1556~98)는 밀라노와 나폴리를 확보하여 이탈리아를 지배하는 대신 염원하던 부르고뉴 공령의 재흥을 단념하였다. 프랑스, 뒤이은 합스부르크가의 중세 제국의 꿈은 함께 좌절된 셈이다.

이탈리아전쟁은 유럽 지역세계의 해외 진출과 '종교개혁'운동이 같이 진행되고 있던 때에 일어났다. 16세기 후반이 되면 프랑스에서도 심각한 종교 내란이 일어나 카토캉브레지 조약 후의 유럽 국제정치는 최강의 군사력을 갖고 국익 옹호와 가톨릭 신앙의 제패를 내건 스페인 왕 펠리페 2세와, 그 패권을 막으려는 여러 국가들과의 대립을 축으로 전개되었다. 스페인 지배에서 이반한 개신교 국가 네덜란드를 개신교의 잉글랜드와 가톨릭의 프랑스 쌍방이 지원한 것도 그 때문이다.

교회와 황제를 축으로 하는 보편주의적 세계 질서의 후퇴는 17세기 전반의 30년전쟁(1618~48)에서 한층 명확해진다. 이 전쟁은 종교개혁 운동이 프랑스보다 한발 앞섰던 독일을 무대로 유럽 지역세계 전체가 관여한 대전쟁이다. 황제 페르디난트 2세 측에는 독일 구교도 제후 외에 스페인 왕이, 독일 신교도 제후 측에는 개신교국인 덴마크, 스웨덴, 네덜란드, 잉글랜드가 참가하고 거기에 프랑스가 병력을 지원하였다. 전쟁은 1648년 베스트팔렌조약으로 종결되었고 스페인과 프랑스와의 전쟁은 1659년의 피레네조약으로 끝이 났다. 독일 황제와 스페인 왕은 전쟁으로 모두 피폐해져 프랑스는 이제 합스부르크의 오스트리아를 두려워할 필요가 없어졌다.

주권국가 시스템

30년전쟁 후 유럽의 정치 중심은 유럽 중부에서 서북부로 이동하였다. 전화를 입어 독일 연방들이 황폐해졌을 뿐 아니라 해외무역의 중심이 지중해에서 대서양 연안으로 옮겨갔기 때문이다. 네덜란드 등 신흥 해양 국가나 오스트리아 같은 대륙 국가가 구성하는 국제 관계가 '주권국가 시스템'으로 불리는 근대 유럽 특유의 국가 간 시스템이다. 그 특징은 보편주의 이념을 추구하는 중세적인 제국이나 교회를 대신하여 왕가를 중심으로 개별 국가가 각각의 주권을 갖고 자국의 이익 추구를 목적으로 하므로 종교나 이데올로기보다 국익을 우선하는 것이다. 물론 주권은 늘상 존중되는 것은 아니나 항상적인 전쟁 상태를 피하기 위해, 또 급작스런 강국의 출현을 막기 위해 군사 이외의 국익 추구의 수단, 즉 동맹 관계로 강국을 견제하는 외교가 중시되어 '세력균형' 관념이 생겨났다. 이 국가 시스템은 도시국가가 사활을 걸고 경합하여 현실주의 정치가 마키아벨리를 낳은 근세 이탈리아에서 시작되었다. 그 때문에 각국의 궁정이 외교관을 서로 상주시키는 관례가 생겨났고 이것이 유럽 전체로 일반화되었다 이상이 근세 프랑스를 둘러싼 국제 환경이다.

2. 절대왕정으로의 전환

귀족과 부르주아

　이탈리아전쟁은 프랑스에 있어서도 격동의 시대로 전쟁 때부터 백년에 걸쳐 정치적 혼란기로 접어들었다. 그 위기를 극복하고 17세기 후반 태양왕 루이 14세(재위 1643

~1715) 치세에 프랑스는 유럽 제일의 강국이 되었다.

그것이 어떻게 가능했는가 하면 추상적으로 들리겠지만 그 시대가 필요로 하는 성격의 국가를 처음으로 구축했기 때문이다. 그 국가란, 국왕 아래 영역 내('국경'이라는 관념은 이 시대에 만들어졌다)의 인적·물적 자원을 최대한 유효하게 동원할 수 있는 기구를 가진 국가였다. 바꿔 말해 국가가 징세나 재판 등 일정한 형태로 주민 전체를 장악했음을 뜻한다. 역으로 말하면 주민 전체가 어떤 형태로든 국가와 관계를 맺는 것이다. 단초(端初)적인 국민국가라고 해도 좋을 것이다. 그리고 이 근세국가로의 전환은 영주층의 몰락과 부르주아층의 상승이라는 사회적 교체가 16세기의 경제활동으로 촉진되었기 때문에 가능하였다.

그러나 중세에서 근세로의 과도기의 사회층의 방향성은 단순하지 않다. 영주층은 토지를 기본적인 경제적 기초로 삼고 있기 때문에 농민들로부터의 공조만으로 이전부터의 생활 유지가 어려워져 몰락하든가, 궁정에 기식하여 군직이나 성직에 매달리는 수밖에 없었다. 주교와 수도원장의 서임권은 부르주아의 국사 조서(1438)와 볼로냐 종교 협약(1516)으로 갈리카니슴(국가교회주의)이 확립되었기 때문에 국왕으로 옮겨진 상태였다. 이리하여 왕족이나 대귀족은 국왕고문회의 멤버나 지방 총독 같은 관직을 받고 그들 주변에는 지방의 중소 귀족이 '크리앙'(보호-피보호 관계를 맺는 집안의 가신들)으로 결합하고 있었다. 이제 그들에게는 왕정을 전복시키려는 마음조차 없어 보인다. 그러나 지방에는 시대에 뒤처진 궁핍한 호사귀족(豪士貴族)들이 상당히 존재하여 16세기에는 아직 전통적인 권리를 지키기 위해 농민봉기의 선두에 서서 왕정에 저항하는 자도 적지 않았다. 그러나 17세기가 되면 체제에 완전히 반역하는 귀족은 드문 상황이 된다.

한편 근세의 '부르주아'는 더 이상 중세도시의 고정된 신분층이 아니게 된다. 상공업의 발전으로 각지의 도시 인구가 증가해 최대 도시 파리는 1500년에 20만이었다가 50년 만에 30만이 되었고 그 외 금융 도시 리옹이나 무역도시 루앙, 마르세유, 르아브르, 보르도, 라로셸 등이 번성하였다. 도시 주변의 농촌부에는 시장마을이 생겨나 이를 거점으로 농민에서 시장의 소상인으로, 나아가 중소 규모 도시의 상인으로 사회적 상승을 꾀하는 흐름이 활발해졌다. 물론 일부 운 좋은 사람들이 성공을 이루지만 일개 마을 상인에서 수세대에 걸쳐 지방도시의 대상인 겸 제조업자로 발전하는 경우도 적지 않았다. 이처럼 근세의 '부르주아'는 민중을 벗어나 사회적 상승 도상에 있는 중간층을 가리킨다.

　부르주아들은 경제적 활동을 위해 국내 평화와 대외 방위를 보증해주는 강력한 왕정을 필요로 했지만 국왕의 과중한 과세로부터 도시 특권을 옹호하기 위해 왕정에 저항하기도 했다. 또 이 '부르주아'는 부를 획득하면 기업을 확장할 뿐 아니라 토지를 사서 지주가 되기도 하고 나아가 국고에 돈을 빌려주고 징세 청부, 관직을 사는 길을 선택하는 일이 매우 많았다. 그중 일부는 귀족이 되기도 했다. 엄격한 산업 규제가 기업 발전을 제약하고 있었기 때문에 안전성이 있고 사회적 신용도 되는 '랑티에'(금리나 연금으로 생활하는 자)의 길을 선택하기도 하는데 관직 매수도 왕정에 의존하는 것 중 하나이다. 이러한 상인들의 기업 활동으로부터의 일탈은 영국과 비교하여 프랑스가 산업혁명이 늦어진 이유의 하나이기도 하다.

　'절대주의'의 성립에 이르는 근세 프랑스 왕정의 정치 위기의 배경에는 이 같은 사회층의 변화가 있었다.

종교전쟁

'성서로 돌아가라'라는 종교개혁의 기운이 프랑스에서 시작된 것은 1510년대이고 1540년대에는 바로 칼뱅주의의 영향이 강해져 억압에도 불구하고 전국으로 확산되었다. 프로테스탄트(프랑스에서는 '위그노'로 불림)에는 도시 상공업자를 비롯하여 모든 사회층이 포함되었고, 1550년대 후반부터 왕족을 포함한 귀족들이 가세하기 시작하자 가신 그룹의 중소 귀족을 거느린 대귀족들 사이의 궁정 관직을 둘러싼 싸움에 종교 대립과 결합하여 개혁 운동은 군사화의 양상을 띠기 시작하였다.

왕 주변에는 한편으로는 이탈리아전쟁의 영웅 기즈 공 프랑수아(1519~63) 등을 대표로 하는 이단 박멸을 외치는 가톨릭파, 다른 한편으로 왕족 부르봉가의 나바라 왕 앙트완(158~62) 등을 대표로 하는 프로테스탄트파가 대립하였다. 그리고 샤를 9세(재위 1560~74)가 어려 섭정을 맡은 황후 카트린드메디시스(1519~89)는 두 파의 균형 위에 서고자 하였다.

원래 프랑스는 가톨릭 왕을 중심으로 하는 나라이고 소수파인 프로테스탄트는 신앙의 보장만을 요구하는 수세의 입장에 있었다. 그러나 카트린의 융화적 태도에 화가 난 기즈 공 프랑수아는 1562년 3월 1일, 샹파뉴의 바시에서 일요 예배로 모인 프로테스탄트 신도들을 학살하면서 무력 충돌이 시작되었다. '종교전쟁'으로 불리는 이 내란은 프로테스탄트파가 소수파이었지만 완강히 저항하였고 기즈 가의 전횡을 경계하는 왕 측의 태도도 일관되지 않았기 때문에 약 35년이나 계속되었다. 프랑스혁명에 버금가는 프랑스 역사상 큰 내란이다.

　사태를 급격히 악화시킨 것은 유명한 '성 바르톨로메오 축일의 학살'이었다. 카트린의 막내딸(샤를 9세의 여동생) 마르그리트와 나바라 왕 앙리(앙트완의 아들)의 결혼식 참석차 파리에 모여 있던 많은 프로테스탄트 귀족들을 자신의 권세의 회복과 내란의 종결을 노린 카트린이 기즈 공 앙리(1550~88)와 공모하여 성 바르톨로메오 축일인 1572년 8월 24일 전날 밤부터 새벽에 걸쳐 대량 학살을 자행했던 것이다. 기즈 공에게 선동당한 파리 민병 조직도 학살에 가담했는데 약 3천 명이 살해되었다. 학살은 지방도시까지 파급되어 만 명이 넘는 희생자를 내었다.

　'성 바르톨로메오의 학살' 뒤 기즈 공 앙리는 '가톨릭 동맹'을 결성하여 조직을 정비하였고, 프로테스탄트파도 또한 파리를 탈출한 나바라 왕 앙리를 새로운 지도자로 결속하여 전자는 주로 동부, 후자는 주로 서부를 기반으로 대치하였다. 동시에 기즈 공의 강경 노선에 동조하지 않은 가톨릭 온건파(폴리티크)도 생겨났다.

종교전쟁의 최종 국면은 매우 빠르게 전개되었다. 왕위에 대한 야심을 품은 기즈 공 앙리가 스페인 왕 펠리페 2세의 지원을 받아 강력한 제2차 '가톨릭 동맹'을 결성하여 1588년 5월에는 동맹의 중핵인 파리 시민들이 반란을 일으켜 기즈 공이 파리를 지배하였다. 그러나 같은 해 말 기즈 공은 파리에서 도망친 앙리 3세(재위 1574~89)에게 블루아성으로 초대받아 갔다가 암살당한다. 그다음 해에는 앙리 3세 또한 자객의 손에 쓰러져 나바라 왕 앙리를 후계자로 인정하고 숨을 거두었다. 부르봉왕조의 제1대 왕인 앙리 4세(재위 1589~1610)가 된 나바라 왕 앙리는 전투를 계속했지만 파리의 가톨릭 동맹 내의 스페인 세력, 귀족, 거기에 파리의 자치제를 주장하는 민중 조직과의 내부 대립에 기회를 빼앗겨 1593년 7월에 가톨릭으로 개종하고, 다음 해 2월에 파리에 평화적으로 입성하였다. 그는 국내의 가톨릭 귀족을 차례차례 귀순시키고 긴 교섭을 거친 끝에 1598년 4월에 '낭트칙령'에 서명하고 종교전쟁에 일단 종지부를 찍었다. '이른바 개혁 종교의 사

람들'은 장소적 제한을 받기는 했으나 신앙과 예배의 자
유를 인정받았다.

　의표를 찌르는 행동으로 내란을 수습한 앙리 4세는 행
동력, 통찰력, 인성 면에서 역대 왕들 중 프랑스 국민에
게 지금도 가장 인기가 있다. 그러나 프랑스의 재건이라
는 난제에 착수하려던 참에 1610년 5월 14일 한 가톨릭
광신자 손에 파리의 거리에서 암살당했다.

리슐리외, 마자랭, 프롱드의난

　앙리 4세의 갑작스런 죽음 후 다시 혼란에 빠진 새 왕
루이 13세(재위 1610~43)의 치세를 보좌한 인물이 리슐리
외(1585~1642)이다. 중류 지방귀족 출신으로 궁정의 음모
를 이겨내고 '셰프 뒤 콩세이'(국무회의장, 재상)까지 오른 그
의 정치 이념은 한마디로 '강한 왕권'이었다. 서부와 남부
에 군사 거점을 유지하는 프로테스탄트 귀족들에 대해
그 중심지인 라로셸을 군사적으로 제압하는 강압 정치를
폈으나 신앙을 보장한 점은 앙리 4세의 방침을 답습하였
다. 또 대외 정책으로 합스부르크가의 오스트리아에 대

항하기 위해 네덜란드 등 개신교 국가와 동맹을 맺는 면도 앙리 4세를 계승하였다.

30년전쟁이 한창일 때 리슐리외, 뒤이어 루이 13세가 세상을 떠나자 새로 즉위한 왕 루이 14세(재위 1643[친정 1661~1715])는 아직 네 살이었기 때문에 왕의 모친인 안 도트리슈(1601~66)가 섭정이 되었다. 교황청 주 프랑스 대사인 이탈리아인 마자랭 추기경(1602~61)이 리슐리외에 이어 재상이 되었지만 왕권이 약해지면서 '프롱드의난'이 일어났다.

'프롱드'란 '돌 던지기 놀이'라는 뜻으로 당시 이 내란을 야유한 표현이다. 그 직접적인 원인은 30년전쟁 때의 재정난으로 정부가 신세(新稅)를 징수하거나 매관제의 방식을 변경한 데 있었다. 이 난은 정치적 발언력의 약화에 초조해진 전통적인 귀족, 권익을 침해당했다며 반발한 관직 보유자, 경제적 곤궁에 불만을 품은 도시 민중, 이 삼자의 운동이 복합되어 세 가지 국면을 보인다.

제1국면은 1648년에 파리고등법원이나 다른 최고법원이 관직 보유자의 권한을 옹호하며 저항한 '고등법원의 프롱드'에서 시작되었다. 마자랭이 콩데 친왕에게 파리를 포위하게 하자 고등법원은 대귀족의 야심이나 민중운동의 격화를 두려워하여 다음 해 3월에 바로 화약을 맺었다. 제2국면은 무훈을 자랑하는 콩데 친왕 등을 섭정안 도트리슈가 투옥시킨 1650년부터 전개된 '친왕의 프롱드'이다. 친왕과 귀족이 지방에서 반란을 일으키다 콩데 친왕이 석방되자 분열되었다. 여기서부터 제3국면의 '콩데의 프롱드'로 접어드는데, 근거지 보르도로 돌아온 콩데 친왕은 남서부의 귀족이나 스페인군의 지원을 얻어 마자랭 타도를 위해 파리로 진격하여 1652년 7월에 파리에 입성하였다. 그러나 고등법원과 부유한 시민들은 협력하지 않아 콩데는 10월에 스페인령 네덜란드로 피신하였고 다음 해 7월에 콩데 친왕파의 거점인 보르도도 항복하였다.

　프롱드의난에서는 파리의 주민 조직이 프롱드 측을 지지하였기 때문에 왕가가 종종 파리를 탈출하기도 하였다. 그러나 대귀족, 고등법원, 파리 민중 등 반왕권 세력이 연대하지 못하고 서로 견제하여 결과적으로 왕권에 결정적인 타격을 줄 수가 없었다. 그 후 마자랭은 30년전쟁의 수습책으로 스페인과의 화약(피레네조약), 콩데 친왕의 은사, 루이 14세와 스페인 왕녀 마리테레즈와의 결혼을 성사시키고 1661년 세상을 떠났다. 마자랭의 사망과

함께 루이 14세는 친정을 시작하여 그것이 반세기 이상
이어졌다.

루이 14세 체제

루이 14세의 통치는 사회집단의 전통적 권리를 부정,
제한한 데 그 특징이 있다. 중앙 정치에서는 '재상'제를
폐지하고 왕 자신이 직접 정치에 관여하고 결정하였다.
초대 중신이 사망한 뒤 대부분의 요직을 독점한 르 텔리
에 가와 콜베르 가의 무능한 문벌을 서로 경합하게 조종
하며 자신의 정치색을 강화시켰다. 또한 전국 삼부회는
1614년에 열린 것을 마지막으로 왕의 통치 중에는 한 번
도 소집되지 않았다.

지방 정치에서는 매관제로 생겨난 관직 보유자를 감독
하기 위해 17세기부터 정부에서 임명되는 임기제 관료(직
할 관료)인 '지방감찰관' 파견이 시작되었다. 프롱드 시기
에 한때 소멸될 뻔했으나 이후 1680년경에는 재무총감
콜베르(1619~83)의 관할하에 전국적으로 배치되는 지방장
관(엥탕당)으로 제도화되어 지방행정에 대한 중앙의 통제

가 강화되었다. 또 콜베르는 네덜란드나 영국에 대항하기 위해 뒤처진 프랑스 경제를 철저한 중상주의의 규제 시스템으로 재편성하였다. 국가에 의한 정치·경제의 통제 강화는 종교에서도 나타났다. 1685년에는 낭트칙령을 폐지하여 프로테스탄트를 박해하고, 가톨릭교회의 개혁을 주장하는 장세니슴(얀센주의)에도 박해를 가했다.

베르사유궁전

루이 14세의 통치의 상징적 기구가 베르사유궁전이다. 루이 14세는 당시 센강 오른쪽 연안의 루브르궁이나 교외의 퐁텐블로궁 등 파리에 궁전이 없었던 것은 아니다. 그러나 처음엔 파리 서남쪽 교외 베르사유에 있는 선대 왕들의 수렵장의 휴게소를 궁정의 연회용으로 개조한 것이 약 40년에 걸친 공사 끝에 유럽 최대의 궁전으로 세워졌다. 더 나아가 1682년에 왕이 그곳에 거처하고부터는 기존의 왕궁의 관념이 바뀌었다. 왕궁은 단순히 왕의 거처나 중앙 정부의 집무실이 아닌, 왕의 권위를 내외에 과시하는 일대 장치가 되었다. 왕의 기상에서 취침까지 접견, 연회에서 환복에 이르기까지 왕의 하루 일과가 모두 엄밀한 의례와 함께 운영되며 수천 명의 귀족이 자신의 서열에 따라 그에 참가하였다. 아침 알현에 2, 3백 명, 취침 전 알현 50명에 참가할 수 있을지의 여부는 귀족들에게는 큰 문제였다. 왜냐 하면 베르사유궁전은 왕을 중심으로 움직이는 태양계이고 왕과의 거리가 모든 기준이 되었기 때문이다. 프롱드의난 때 무기를 들고 왕권에 도전했던 혈기 왕성한 귀족들은 이제는 가신들을 버리고 베르사유에 거처하며 매일 시중들고 안색을 살펴 왕이 베풀어주는 총애를 받고 있었다. 이렇게 베르사유궁전은 귀족의 발톱을 뽑고 순화시키는 '황금의 우리'가 되었고, 그 이상으로 중요한 것은 국가 그 자체가 왕궁의 방 안에 밀폐되어 경직화된 점이었다.

3. 프랑스 절대왕정의 구조

중간단체

루이 14세 시대의 프랑스 국가는 '절대왕정'의 전형으로 이해되고 있다. '절대왕정'에 대해서는 메이지 국가의 비교사적인 해명을 최대 과제로 삼았던 일본의 전후 역사학에서 빈번히 논의했었으나, 언제부터인가 토론도 뜸해지고 명확한 결론을 도출하지 못한 채로 있다. 이에 현재 시점에서 어떻게 생각할 수 있는지 몇 가지 논점을 정리해보고자 한다.

나는 앞에서 유럽 근세국가가 단초적인 국민국가라고 언급했는데, 이는 당시의 국가가 중세 국가와 달리 영역 내의 주민을 장악한다(예를 들면 과세)는 의미이다. 그러나 직접적인 것은 아니다. 커뮤니케이션의 불비, 지방 할거주의의 강세 및 이에 따른 중앙집권 관료의 부족 등이 있는데, 국가와 주민 사이에 '중간단체'를 개입시킴으로써 비로소 통일국가를 만들 수 있었던 점이 유럽 근세국가의 특징이다.

중간단체란 프랑스의 경우에서 보면 중세 이래의 성직자, 귀족, 평민 외에 모직물 상인, 정육점 등 도시 길드와 같은 직능단체, 도시 전체 혹은 주 전체 같은 지연적 단위 등이 있다. 관직 보유자도 직능단체를 이루고, 농촌공동체는 직능과 지연의 양면을 갖고 있다. 이처럼 중간단체의 모태는 대부분의 경우 기존의 어떤 자생적인 사회적 결합 관계이며, 지배의 확대를 노리는 왕정은 이들 사회적 결합에 어느 정도의 권리(특권)를 부여하여 그 자립성을 인정하고 그 대신 과세나 기타 요청에 응하도록 하는 형태를 취했다. 예를 들면 성직자는 성직자 회의라는 전국적 신분 회의를 정기적으로 개최할 권리를 보장받는 대신 왕정에 대해 '상납금'을 납부하였다. 브르타뉴 등 비교적 늦게 병합된 변경의 주는 과세액을 자주적으로 결정할 수 있는 지방 삼부회를 열 권리를 보장받았다. 이처럼 왕으로부터 인정받아 권리를 부여받은 단체를 근년의 역사학에서는 '사단'(社團)이라 부른다. 자생적인 사회적 관계와 사단의 차이는, 자생적 관계는 유동적이고 사회 변화에 따라 끊임없이 내부에 긴장 관계가 발생하기 때문에 사회적 안정 측면에서는 착란 요인이 되지만, 제2차적 사회관계인 사단은 사회를 고정시키기 위한 편성 원리인 것이다.

따라서 프랑스혁명 전의 사회는 귀족 등의 '특권계급'이 무특권의 평민을 지배하고 있었다고 흔히 말하지만 현실적으로는 모든 정규의 주민은 무언가의 '권리'를 부여받고 있었다. 그런 권리에서 제외된 부분은 유대인, 이단자, 노숙 부랑자들이고 이것이 근세국가가 생각하는 사회의 '부외자'였다. 그리고 여성은 미묘한 존재였다. 그것은 사회의 일상생활 가운데 명백한 '소외자'가 아니고 위로는 궁정에서 밑으로는 도시의 하층사회에 이르기까지 상당한 영향력을 갖고 있으나 적어도 국가의 입장에서 보면 공적 자격이 없는 존재였다.

'귀족과 부르주아 재편─매관제

자생적인 사회관계와 편성 원리로서의 사단을 구별하여 생각하는 것은 중요하며 그 예로서 매관제를 살펴보기로 하겠다.

중세 말기 이래 경제활동으로 부르주아가 상승하자 그들은 그 재산의 일부를 관직 구입에 썼음은 앞에서도 언급한 바 있다. 왕권 측에서도 관리의 수가 증가함에 따라 재원이 필요해져 1483년의 재무 관직의 '매관제'를 시작으로 이윽고 행정, 사법, 군무 등 거의 모든 관직에 이를 확대하였다.

매관제는 왕정에 있어 국고의 증수와 관리의 증가를 가져온다는 점에 1석 2조의 효과가 있었다. 또한 1604년부터는 관직은 구입자에 의해 전매나 상속이 가능한 가산이 되기도 했다. 이 매관제의 관직은 '보유 관직'(오피스)이라 하고 그 관리를 '관직 보유자'(오피시예)라 한다. 관직이 보유는 직접 보수 외에 사례나 뇌물이 따라오고 사회적인 관록과 신용을 가져다주었다. 그 때문에 관직 구입은 권위와 이득을 동시에 얻을 수 있는 유리한 투자이고 돈이 있는 평민, 즉 상공업 부르주아들은 앞다투어 관직을 구매하였다. 1515년에 5천 명이던 숫자가 루이 14세가 친정을 시작한 1661년에는 약 5만 명 정도로 증가하였고 그 후에도 계속 늘어났다.

고등법원 평정관(評定官) 같은 몇 개의 상급 관직은 그 보유자에게 귀족의 작위를 주었기 때문에 운이 좋은 부르주아 가족은 몇 대에 걸쳐 관직을 계속 바꾸어 그 직을 받고 귀족으로 '올라갈' 수 있었다. 관직 보유로 귀족으로 임명된 '졸부 귀족'을 중세 이래의 전통적인 전사귀족('대검귀족'[帶劍貴族])에 비교해 '법복귀족'(法服貴族)이라 한다.

이렇게 앙시앵레짐은 두 개의 질서 원리에 입각해 있다. 하나는 가문이나 혈통을 원리로 하는 전통적인 신분 질서로, 무훈에서 유래하는 '명예'를 가치 체계의 근간으로 삼는다. 또 하나는 재능을 원리로 하는 질서로, 재능은 국가를 위해서만 역할을 하도록 되어 있으므로 이 가치 체계의 근간은 국가에 대한 '공적'(功績)이다. 이 두 가지 계층의 사다리는 각각 '사단'으로 편성되어 양쪽 사다리 모두 '사단'의 편성자인 왕권의 수중에서 합체되어 있다. 왕권이 명예와 공적의 두 가치 체계의 조정자인 것이다.

이렇게 매관제는 신흥 부르주아층을 왕정과 결합시켜 사회 변혁의 요인을 지배 질서로 흡수하는 안전판 작용을 했지만 앙시앵레짐에서는 '명예' 쪽이 '공적'보다도 우위를 점하고 있었다. 왜냐 하면 부르주아가 법복귀족으로까지 올라가기 위해서는 그 가족이 몇 대에 걸쳐 열심히 노력해야 했는데 이는 시간을 들여 평민의 '때를 벗기' 위한 대기시간으로 생각되었기 때문이다. 또한 귀족이 광산 개발이나 해상 상업 등의 특례를 제외한 상공업에 종사하면 귀족의 자격을 박탈당했다. 이같이 귀족 신분은 혈통에 의해서만 우월성이 전달되는 비합리적이고 신비적인 개념이었다. 이렇게 프랑스 왕권은 귀족 원리와 부르주아 원리 쌍방에 대해 귀족 원리를 위로 놓고 통합하여 귀족과 부르주아 양쪽을 서로 견제시키는 데 성공하였다.

참고로 왕정의 재정 기구 그 자체가 모든 상류 계층을

왕정으로 연결시키고 있었다. 즉 왕정의 중요 재원인 간접세는 어용 금융업자(피낭시예)의 징세 청부제로 위임되어 있었기 때문에 이 거대한 이익을 내는 금융업자의 자금은 귀족, 부르주아, 성직자의 투자로 이루어져 있었다.

왕정(王政)의 이론

16세기 이래 프랑스에서는 많은 국가론이 탄생하였다. 그 이유는 근세국가가 중세적인 단체를 국가의 원리 가운데 포섭하고 있었기 때문에 왕권은 이 단체를 넘어 지배를 정당화할 이론을 필요로 했기 때문이다. 그 원형은 루이 12세를 보좌한 주교 클로드 드 세이셀의 『프랑스 왕정론』이라 한다. 그는 국가의 정치형태로서 예부터 보여온 왕정, 귀족정, 민주정을 들어 왕정이 가장 좋은 형태라고 말한다. 왜냐 하면 귀족정은 과두제, 민주정은 정치적 혼란의 위험을 갖는 데 비해 왕정이 가장 안정성을 갖기 때문이라는 것이다. 그러나 이 왕정은 폭정을 금하는 '종교'와, 인민의 권리 침해를 제어하는 '정의'와, 남자 상속 등 통치의 기본이 되는 '근본 원칙'의 삼자로 제한을 받지 않으면 안 된다. 이처럼 귀족, 신하에 대한 왕권의 절대성을 시대적 요청으로 인정하면서도 동시에 그것을 초월하는 종교 내지 법의 존재를 인정하는 것이 정치 이론의 기조를 이루었다.

이 때문에 16세기 후반 종교전쟁 시기 왕권의 종교 압박에 저항했던 프로테스탄트는 전국 삼부회가 왕권에 우선한다는 프랑수아 핫망의 『프랑코 갈리아』(1573)에서 저항의 이론을 찾아냈고, 이어서 앙리 3세 치하에 '가톨릭 동맹'이 반왕권으로 돌아서자 이번엔 그들이 이 저항권의 이론을 채용하였다.

폴리티크파의 이론적 핵심인 장 보댕의 『국가론』(1576)이 나온 것도 이때이다. 보댕이 16세기 최대의 정치사상가로 여겨지는 이유는 그 '주권' 이론 때문이다. 중세적 관념으로는 왕은 가신제(家臣制)의 정점에 있는 제1주군이고 성별로 종교적 성격을 띠고 있는 존재이지만 보댕은 왕이 왕국의 유일한 주권의 표현자로 본다. 주권이란 불가분의 것으로 입법권을 본질로 하는 왕에 의해 완전히 표현된다. 따라서 전국 삼부회는 주권을 갖지 못하며 입법에 동의할 권리를 인정받은 데 지나지 않는다. 왕이 신하의 의견을 구할 수는 있으나 그것은 왕의 의무가 아니고 또 의견에 따를 필요도 없다. 그런 의미에서 왕권은 '절대'이다. 그러나 그 경우에도 왕은 그 권력을 신하의 물심(物心)의 행복을 위해 행사하지 않으면 안 되고 신에 대해 그 책임을 지는 것이다. 이렇게 왕은 신하의 '천부적 자유'와 '왕국의 기본법'을 존중하여야 하며 왕권은 결코 무제한은 아니다.

이러한 프랑스 근세의 국가 이론에서는 왕권은 '절대'이지만 '전제'는 아니다. 이 추상성 때문에 실제로는 절대와 전제의 구별이 모호하고 왕권과 귀족 사이에 끊임없는 논쟁의 대상이 되었다. 리슐리외나 루이 4세의 시기는 '국가이성'이나 신권설을 이론적 초석으로 '전제'에 가까운 '절대왕정'이고, 프롱드 시기는 '왕권기본법'을 기본으로 하는 '제한 왕정'이 유력해졌다. 전체적으로는 전자가 기조가 된 것이 근세 프랑스이고 후자가 승리한 것이 근세 영국이다. 이처럼 왕권과 중간단체가 긴장을 품은 채 항상 대치하고 후자의 저항을 정당화하는 이론적 전통이 존재한 것이 유럽 지역세계의 근세국가의 특색이었다.

일본의 중간단체

　지금까지 유럽 지역세계의 근세국가의 기본 구조에 대해 언급했다면 동 시대의 일본의 막번 체제(幕藩體制)에서도 국가와 주민 사이에는 신분적, 지역적, 직능적인 중간단체가 개재되어 있었다. 그 점에서는 막번 체제는 세계사적으로 보아 근세국가로 생각해도 좋을 것이지만 중요한 차이점도 존재한다.

　그 주요점만을 보면 유럽에서는 교회, 도시, 귀족 신분 등의 큰 중간단체가 왕정 국가의 틀을 넘어 지역세계 전체에 걸쳐 보편적 성격을 갖고 있는 데 비해 막번 체제에서는 그것이 없다. 가장 중요한 중간단체인 번을 보아도 막부(幕府)를 넘은 보편주의의 성격을 띠지 못한다. 또 왕권(막부)과 중간단체와의 권리 관계를 보면, 일본에서는 중간단체는 왕권에 대해 권리를 주장하는 전국 삼부회 같은 신분제 의회 기관이 존재하지 않는다. 이 외에도 차이점은 매우 많다. 이렇게 보면 막번 체제는 근세 동아시아의 중간단체 국가이긴 하지만 '절대왕정'이라는 개념은 근세 유럽 고유의 국가 구조의 개념으로 생각하는 것이 좋을 듯하다.

제 5 강
계몽의 세기

조르주 드 라 투르, 〈퐁파두르 부인〉

1715	오를레앙 공, 섭정이 됨(~23)
1720	존 로 실각
1740	오스트리아 계승 전쟁
1748	엑스라샤펠 조약(오스트리아 계승 전쟁 종결)
1749	마쇼*, '20분의 1세' 설정
1756	프랑스-오스트리아 동맹/7년전쟁
1763	파리조약(7년전쟁 종결)
1766	로렌 지역, 프랑스에 병합
1768	코르시카, 프랑스에 병합
1770	왕태자 루이, 마리앙투아네트와 결혼
1771	모페우의 사법 개혁
1772	제1차 폴란드 분할
1774	루이 16세 즉위
1775	미국독립전쟁 시작
1776	튀르고 실각/미국독립선언
1783	영국에 선전포고
1787	베르사유조약, 미국 독립 인정/칼론, 재무총감 취임
1788	명사회의, 개최 라므와뇽의 사법 개혁, 철회/ 그르노블에서 소요, 근교 비지유에서 비합법의 주 삼부회 개최/ 국왕, 전국 삼부회 소집 예고

*Machault d'Arnouville, Jean~Baptiste de(1701~1794): 프랑스의 정치가로 법복귀족 가문에서 태어나 에노의 엥탕당을 거쳐 1745년 12월 재무총감에 취임하였다. 재정상의 공정을 기하기 위해 모든 소득에 5%의 세금을 부과하는 20분의 1세를 창설하였으나 성직자 계급과 고등법원의 공격을 받아 결국 성직자에게는 부과하지 않기로 했다. 1754년 재무총감을 그만두고 해양장관이 되었으나 오스트리아와의 동맹에 반대하여 퐁파두르 부인의 지지를 잃어 은퇴하였고 1793년에 반혁명 용의자로 체포되어 이듬해 옥사하였다.

재편성의 시대

루이 14세의 사후 18세기 전반의 프랑스 정치는 비교적 평온하게 지나갔다. 그러나 후반에 접어들자 왕권의 억압에 대한 저항이 점차 대담해졌다. 그리고 그 뒤로 세기말의 프랑스혁명이 기다리고 있기 때문에 18세기 후반은 바로 프랑스혁명으로 필연적으로 이어지는 그 전사로서 해석되기 쉬웠다.

그러나 18세기는 프랑스뿐 아니라 유럽 지역세계 전체가 재편성된 시기였다. 대서양 경제의 확립에 따른 경제적 번영, 해외 패권을 둘러싼 영국과 프랑스의 항쟁, 신흥국 러시아와 프로이센의 대두에 따른 국제정치의 변화 등이 16세기에 탄생한 유럽 국가 간 시스템의 재편과 각 국가의 구조 전환을 촉진시켰다. 16세기를 근대 세계 체제의 제1기의 시작이라 한다면, 이때는 세계 체제 제2기로의 이행기인 것이다. 이는 '계몽'으로 불리는 시대로, 여러 국가에서 국가와 사회의 재편성이 공통의 과제가 되었다. 그것이 어떠한 규모와 진도를 가졌는지는 전혀 모르지만 프랑스혁명은 그 과정에서 일어난 하나의 케이스인 것이다.

1. 구조 전환의 움직임

바로크에서 로코코로

　표면적으로는 화려한 루이 14세의 치세에는 어두운 이면, 특히 후기에는 정치적 혼란, 경제적 궁핍, 사상적 억압이 두드러졌다. 시대를 어둡게 한 큰 원인의 하나는 치세 전체를 덮는 전쟁의 연속에 있다. 대륙 최강의 육군력을 자랑하는 루이 14세는 4개의 정복전쟁(네덜란드 계승 전쟁 1667~68, 네덜란드전쟁 1672~78, 팔츠전쟁 1688~97, 스페인 계승 전쟁 1701~14)을 치렀으나 프랑스, 스페인 양국의 통일과 스페인령 네덜란드의 획득이라는 야망을 달성할 수 없었다. 그 결과 18세기 초의 국제 관계는 프랑스·오스트리아·영국의 세 강국의 정립이 되었다. 영국이 17세기부터 해양 국가가 된 데 비해 합스부르크가와의 숙명적인 사투를 계속한 프랑스는 해양 국가인 동시에 대륙 국가라는 이중의 성격을 벗지 못하여 이것이 국가 재정을 항상적으로 압박하였다.

　그 때문에 1715년에 루이 14세가 76세로 사망한 뒤, 겨우 다섯 살인 증손 앙주 공이 루이 15세(재위 1715~74)로 즉위하고 조카인 오를레앙 공 필리프(1674~1723)가 섭정이 되자 모든 분야에서 루이 태양왕 시대의 위압적인 분위기에 대한 반동이 일어났다. 큰아버지 루이 14세와 성격이 정반대인 분방한 오를레앙 공은 규칙 많은 통치 스타일에 반발하여 궁정을 파리의 루브르궁으로 되돌렸기 때문에 도회풍의 세련됨과 경쾌함이 상류사회를 지배하기 시작하였다. 궁정은 곧 베르사유로 옮겼지만 호화찬란한 바로크양식을 대신하여 여유 있고 쾌활하며 기지 있는 대화를 즐기는 로코코 분위기가 섭정기 이후의 18세기 상류사회의 독특한 색조가 되었다.

섭정 시대의 통치 변화의 하나는 왕의 전결권이 강한 '최고국무회의' 방식을 대신하는 중앙정치의 '다원회의제'(폴리시노디)이다. 왕위에 대한 야심을 가진 오를레앙 공이 귀족들의 환심을 사기 위해 귀족의 발언권을 강화시킨 것이었으나 그 귀족이 왕권의 장애가 되기 시작하자 루이 14세 방식으로 돌리려 했다. 그러나 일단 변화된 정치의 분위기는 원래대로 돌아가지 않았다.

이 시기에 '로 시스템'이란 이름으로 알려진 경제정책이 유명하다. 스코틀랜드인 존 로는 독자적인 금융 이론을 가진 국제인으로 유능한 재정가이기도 하고 투기적인 사기꾼이라는 소문도 있었는데, 루이 14세의 전쟁 비용으로 인한 재정 파탄을 해결하기 위해 오를레앙 공에게 기용되었다. 우선 1716년에 파리의 사립은행의 설립과 은행권의 발행을 허가하는 한편, 루이지애나 개발의 독점권을 갖는 특권 회사의 설립을 허가하고 담배 제조, 화폐 주조 등의 특권을 부여하였다. 금융정책과 식민지 개발 정책을 연계시킨 이것이 '로 시스템'이라고 하는 것인데, 로는 재무총감에 취임하였다. 사람들은 40%의 배당을 약속하는 특권 회사의 주식을 사기 위해 달려들었고 500리브르의 주식이 18,000리브르까지 급등하였다. 그러나 거품이 꺼지면서 금융시장은 큰 혼란에 빠졌고 1720년에 로는 해직당하여 브뤼셀로 도망쳤다.

'시스템'은 보수적인 콜베르주의의 경제정책을 전환시킨 점에서 루이 14세 시대에 대한 반동의 하나였지만 그것이 파탄 남으로써 지폐에 대한 뿌리 깊은 불신을 시민들에게 남겨 다시 보수적인 재정과 경제정책이 부활하였다. 그러나 '시스템'의 버블 경기는 일시적이지만 프랑스 경제에 자극을 주어 1730년대부터 시작되는 경제 발전의 한 요인이 되었다.

로가 실각한 지 조금 지나 오를레앙 공이 사망하고 루이 15세의 친정이 시작되었다. 그의 치세는 상당히 평판이 좋지 않았다. 그는 무기력하고 소극적이며 애첩 퐁파두르의 영향하에 있었다. 그래도 프랑스가 그나마 국제적인 체면을 지킬 수 있었던 것은 루이 14세 시기의 방침을 바꿔 영국과의 협조 외교를 도모했기 때문이다. 영국도 또 스튜어트왕조에서 하노버왕조로 이행한 직후여서 적극적인 대륙 외교를 전개할 여유가 없었다. 프랑스가 플뢰리 추기경, 영국이 월폴 수상 시대로, 국제 관계는 비교적 평온하였다.

'외교 혁명'과 7년전쟁

지각변동이 시작되었다. 오랫동안 유럽 국제정치의 외부에 있던 러시아는 17세기 말에 표트르대제(재위 1682~1725)가 '서양화'에 착수한 이래 공격적인 확장 정책을 취하기 시작하였다. 이와 함께 독일에서도 프로이센의 프리드리히 2세(재위 1740~86)가 왕위에 오르자 중부 유럽의 강국을 목표로 오스트리아의 여제 마리아테레지아(재위 1740~80)에 도전하여 오스트리아 계승 전쟁(1740~48)을 일으켰다. 이 때문에 오랜 동안 숙적이었던 오스트리아와 프랑스가 접근하여 1756년에 동맹을 맺었다('외교 혁명'). 이렇게 되자 영국이 프로이센과 손을 잡는 사태가 발생하였다.

이 대립이 7년전쟁(1756~63)의 구도이다. 프랑스와 러시아는 오스트리아를 지원했으나 프로이센은 오스트리아령 슐레지엔 영유를 확보하였다. 그러나 7년전쟁은 오스트리아 이상으로 프랑스에 큰 타격을 주었다. 육·해군 양쪽으로 전투를 하게 된 프랑스는 해외 식민지에서 영국군에 완패하여 1763년의 파리조약으로 캐나다, 미시시피강 이동의 루이지애나, 서인도제도 일부 식민지를 잃게 되었다.

위기의식

7년전쟁 후에도 프랑스는 여전히 학문과 예술 면에서는 유럽의 중심적 지위를 차지하고 있었다. 그러나 경제력이나 군사력에서는 후퇴가 두드러졌다. 1770년에는 마리아테레지아의 막내딸 마리앙투아네트와 프랑스 왕세자(나중의 루이 16세)의 결혼이 성사되어 오스트리아와의 우호 관계는 계속되었다. 그러나 오스트리아는 1772년에 러시아, 프로이센과 동맹을 맺고 프랑스의 우방인 폴란드의 분할(제1차)을 일으켰고, 발칸으로 진출하기 위해 기회 있을 때마다 러시아와 손잡고 튀르키예를 압박하였다. 한편 러시아는 스웨덴과의 전쟁에서 패하였다. 튀르키예도 스웨덴도 프랑스의 우방이었다.

이렇게 프랑스의 국제적 지위는 누가 보더라도 분명히 저하되었다. 국내에는 위기의식이 점차 고조되었다. 그럼에도 불구하고 프랑스 정부가 수수방관하기만 한 것은 바로 재정난으로 인한 군사비의 부족 때문이었다. 프랑스혁명의 직접 원인이 재정난으로 인한 정치 위기에 있었음은 잘 알려져 있지만 재정 문제의 배후에는 이와 같은 심각한 사정이 있었던 것이다.

2. 개혁의 시도

근세 세계 제2기로의 전환

여기서 제3강에서 말한 봉건 왕정의 이상적 이미지를

떠올리기 바란다. 왕령지 수입만으로 생활했던, 뱅센성의 자작나무 아래서 공정한 재판을 하는 성왕 루이. 이 중세적 관념이 옛것이 되었음은 이미 언급한 바 있다. 앙시앵레짐은 많은 부분 이 관념과 타협하고 있다. 귀족과 성직자가 갖고 있는 면세 특권이 그중 하나이다. 이 체제 그대로 18세기의 가혹한 국제 정세에 대응하는 것은 이미 불가능해졌다.

유럽 지역세계 전체에서 18세기는 국제 정세뿐 아니라 전반적인 사회 환경이 변화한 시대이다. 가장 구체적인 지표로서 인구 증가는 있지만 그것이 출생률의 향상이 아닌 사망률의 저하에 의한 것이므로 거기서 생활수준의 향상을 유추할 수 있다. 사실 17세기에 전반적으로 불황이었던 유럽 경제는 1730년경부터 호황기로 접어들어 이것이 다양한 분야에 영향을 주었다.

우선 유럽 내의 대서양 연안부와 내륙부, 지중해 연안부와의 경제 발전의 지역차가 커졌다. 그 혜택을 가장 많이 본 나라는 영국으로 농업기술의 개량이나 공업의 기계화가 시작되었다. 생활수준의 향상으로 구매력이 확대되어 대량생산이라는 새로운 경제관념을 자극하여 '산업혁명' 시대의 도래를 예고하였다. 프랑스는 영국보다는 뒤처졌지만 영국에 이어 '전기 공업화'로 불리는 농촌 공업의 자본주의적 발전이 두드러졌다. 이 경제적 발전에 식민지 시장이 수행한 역할은 매우 커서 이것이 7년 전쟁으로 이어지는 영·프의 식민지 쟁탈 경쟁을 불러일으켰다. 중·동부 유럽 제국(諸國)의 대두도 이 서구의 발전에 자극을 받은 것이다.

18세기 후반의 이러한 환경의 변화는 한마디로 말하면 대서양 경제의 발전이고 나아가 유럽 지역세계와 다른 세계와의 관계의 변화, 즉 16세기에 시작된 근대 세계 체제가 제2기로 이행하기 시작했다고 나는 생각한다.

그렇다면 이 변화가 프랑스의 정치사회에 어떤 영향을 끼쳤는가. 이 문제는 프랑스혁명 원인론과 관련된 문제로 현재도 연구자들 사이에서 논의가 진행 중이다. 논점을 알기 쉽게 하기 위해 소박한 프랑스혁명 원인론을 먼저 도식적으로 말해보면 다음과 같다. 대서양 경제의 발전 때문에 부르주아의 경제력이 강해져 특권 신분인 귀족과의 계급 대립이 격화되자 귀족이 저항하고 왕권도 이에 가담하여 혁명이 시작되었다는 것이다. 현재의 논의는 사회사적 접근으로 이 도식을 재검토하고 있다. 여기서는 계급 대립, 공공권, 민중 문화라는 세 가지 점을 중심으로 검토하겠다.

두 개의 질서 원리

우선 계급 대립에 대해 논해보면, 앞서 언급했듯이 부르주아는 관직의 구입을 통해 귀족의 자격을 얻기를 바랐는데 18세기가 되어도 이 상승 경로는 닫혀 있지 않았다. 즉 귀족과 부르주아는 선험적으로 서로 배제하는 적대계급이 아니었던 것이다. 한편으로 귀족이 그 특권으로 생활과 위신을 보장받고 다른 한편으로 평민의 사회적 상승이 원만하게 진행되고 있다면 이 계급 질서는 문제가 없다. 옛 질서 원리 가운데 왕권이 새로운 사회적 움직임을 흡수할 수 있기 때문이다. 또 18세기에는 경제 발전 때문에 부르주아의 부유화, 귀족 서임(敍任)이 활발해졌고 또 귀족 가운데 경영 투자 등의 기풍이 침투하기 시작하였다. 이 때문에 양자의 사회적 혼교(混交)가 진행되어 구 엘리트에서 신 엘리트로 이행이 시작되고 있었지만 그것이 체제의 붕괴를 초래한다고 할 수는 없다. 실제로 동시대의 영국은 귀족적인 질서 원리를 유지하면서

천천히 평화적으로 사회적인 이행을 달성하였다.

　그렇다면 어디서 모순이 발생한 것일까. 그것은 기존의 질서 관념에 대한 신뢰성이 동요한 데 있다고 할 수 있다. 귀족을 보면 베르사유 궁정 사회에 기생하는 대귀족이나 무역업 또는 광산업 등에 투자하는 기업가정신이 왕성한 파리의 대귀족과, 숲이 우거진 시골에 틀어박혀 궁상스런 생활로 불만 가득하며 자존심만 센 지방 소귀족과의 격차가 심화되어 이미 귀족 신분의 일체성은 없어졌다. 평민을 보면 귀족에 임명될 길은 닫혀 있지 않으나 18세기 후반의 경제 번영으로 풍요로운 부르주아가 대량으로 출현하자 전통적인 상승 사다리는 아래가 넓고 위가 좁은 피라미드 형태가 되지 않을 수 없었다. 이 사다리의 정점에는 발 빠르게 귀족화에 성공한 평민(부르주아)과 경제활동에 대한 투자로 부르주아화한 귀족 사이에 결혼이나 사교를 통해 '새로운 엘리트' 계층이 형성되기 시작한다. 다른 한편으로는 사회적 상승 속도가 늦어지거나 출구를 찾지 못하는 상황에서 갈등을 일으키는 '스트레스 존'이 저변에 쌓이게 된다. 단 이것은 위험한 가연물(可燃物)이지만 그 자체로는 폭발하지 않는다.

'공론'(公論)의 탄생

18세기 후반의 경제활동의 결과 도시화가 진전되어 도회적인 생활 스타일이 보급되기 시작하였다. 당시의 유산 목록의 연구에 의하면, 의복의 보유가 질과 양 모두 향상되고 그때까지 검소한 경제관념이 바뀌어 소비경제의 미미한 징조까지 보이기 시작하였다. 식민지 물산인 커피, 홍차를 마시는 습관도 시작되면서 커피하우스가 생겨났다. 인쇄술의 보급으로 신문의 발간도 늘어나 커피하우스는 신문을 읽고 세상 문제에 대해 토론하는 사교의 장이 되었다.

그것들은 크든 작든 국가기구로부터 자립한 민간의 사회적 결합 관계이고, 앞서 말한 궁정 등의 공적인 사회적 결합 관계와는 다른 성격을 갖고 있다. 그리고 이 결합 관계를 '일종의 공공권'으로 보고 이 논의를 가리켜 '공공의견', 즉 '공론'이라 부르게 되었다. 여기서 만약 공공권의 구성원이 신흥 부르주아라 한다면 프랑스혁명의 설명은 매우 간단해진다. 부르주아가 반'사단(社團)'적인 공공권을 형성하기 시작하여 시민사회를 지향하였던 것이 되기 때문이다. 그러나 이들 사회적 결합의 장에는 대귀족, 금융업자, 유명한 문필가 등이 모이는 상류 살롱부터 변호사, 수공업 도제, 소상공인 들의 작은 독서 모임까지 다양한 사회적 층위가 있고 그 성격도 같지 않다.

미국의 역사가 키스 베이커에 의하면 18세기 중엽까지 '의견'(오피니언)이라는 용어는 프랑스에서는 비이성적이고 유동적인 잡음을 의미하였다. 그러나 해당 세기 중엽이 되면 이성에 기초한 공정한 판단이라는 의미를 갖게 되고 이후 '공공 의견'이라는 말은 정치적 주장으로 정통성을 부여하는 근거가 되었다. 그러나 베이커는 '공공 의견'이나 '공론'은 실체가 아니라고 주장한다. 즉 귀족 혹은 부르주아층의 이념이나 이해와 일치하는 공공권이 형성되어 그 계급적 여론이 생겨난 것이 아니다. 그것은 이미 절대주의적인 정치 질서의 용어나 전통적 제도의 회로로는 주장의 정통성을 보증할 수 없었기 때문에 그에 대신한 것으로 '발명'된 개념이고 기존의 권력을 넘어서는 '이상적인 심판자'라는 추상적 개념이었다. 그 때문에 서로 대립하는 정치 진영이 이 관념에 호소하며 자신들의 정통성을 주장한다. 바꿔 말하면 사단을 편성 원리로 하는 국가 질서가 유효성을 잃고 '이의 신청'에 직면하여, 그것을 대신할 새로운 공공권이 전통적 정치 공간의 외부에 생기기 시작했다는 것이다.

베이커의 이 같은 해석은 정확하다고 생각한다. 새로운 정치 공간이 위로는 귀족에서 아래로는 민중과의 인접 영역까지 폭넓은 차원에 걸친 애매한 장으로 형성된 것이고, 이것이 어떻게 현실화될지는 여러 조건의 복합적인 상황에 따라 달라질 것이었다.

민중 문화와 엘리트 문화

그런데 이 시대의 특색이라 말해지는 '계몽'(뤼미에르[광명])이란 현자가 우매한 자들을 이성의 빛으로 교화시키는 것을 의미하는데, 몽매한 사람들에는 물론 '민중'이 포함되어 있다. '민중'이란 엘리트에 대립하는 모호한 개념으로 이 시대로 말하면 농민을 비롯한 도시 수공업자, 소상공인, 가사 사용인(家事使用人), 다양한 잡역부 등 사회적·경제적으로 하층의 잡다한 계층을 포함하여 전 주민의 8, 9할을 차지한다고 보인다. 그렇다면 왜 특히 이 시대가 '계몽' 시대로 불리는 것일까.

여기서 엘리트와 민중의 관계를 거칠게 말하면, 도시와 촌락이 탄생한 중세 중기에 민중의 생활의 장이 되는 공동체도 만들어져 이에 '민중' 세계가 성립하였다. 영주, 교회로서는 농촌, 도시의 질서를 위해 민중을 통합할 필요가 있어 그 생활 습관을 규율화하기 위해 기독교적 교화가 진행되었다. 이렇게 '사교'(邪敎), '미신'의 단속이 시작되고 처음부터 엘리트층의 통합 기구가 불충분했기 때문에, 사회의 질서 유지를 위해서는 민중의 공동체적인 자기 관리에 기대야 할 부분도 많았다. 그 때문에 외부로부터의 규율화도 불철저한 채 기독교의 보급 그 자체가 민중 습관과의 타협 아래 진행되었다. 또 엘리트층도 주술적 종교의식이나 농민적 행사 등 민중 문화를 상당한 정도 공유하고 있었다.

　이 관계가 근세가 되면 바뀌기 시작한다. 예를 들면 16세기 말부터 17세기 전반에 걸쳐 마녀재판이 각지에서 급증하는데, 원래 '마녀'란 주술에 능한 여성으로 고민 상담자나 의료자로서 예부터 농촌 사회의 일원으로 기능해왔다. 즉 마술은 민중 문화의 일부로서 존재하고 있었는데 종교개혁 이후의 신앙심 통제를 위해 마술은 악마와 소통하는 죄악으로 치부되었다. 또한 동시에 빈민에 대한 태도도 바뀌었다. 그때까지 빈곤은 죄악이 아니고 구제의 대상이었으나 이제는 태만이나 신앙심의 부족에서

오는 죄로 보았으므로 빈민은 국가로부터 위험시되어 수감되었다.

요컨대 이 변화는 집권적인 근대국가의 출현, 종교개혁에 의한 신앙 정화의 시도와 연결되어 엘리트 문화와 민중 문화 사이에 틈이 생겨났다. 정통 기독교와 고전 문화가 엘리트 문화의 기축이었다. 그래서 앞에서 말한 부르주아의 상승을 문화적으로 보면, 문화적 모태인 민중 문화에서 이탈하여 엘리트 문화로 들어가려는 것이었다. 일례를 들면 18세기 파리의 부르주아는 그때까지 참가하고 있던 민중적 제의(祭儀)의 대표인 카니발을 야만적이고 무질서하다고 보고 거리를 두기 시작한다. 나중에 19세기에 카니발이 소생했을 때 그것은 현대와 이어지는 상업주의와 맞물려 변질되고 있었다.

18세기에 엘리트 문화의 내용에 합리적 과학에 대한 신뢰가 더해지자 문화의 간극은 본격적으로 벌어졌다. 애초에 마녀재판이란 엘리트층이 마술의 존재를 믿었기 때문에 성립되는 것인데, 18세기가 되어 마녀재판이 급감한 것은 엘리트층 사이에 합리주의가 생겨나 더 이상 마술을 믿지 않게 되었기 때문이다. 이는 문화의 분리이다. 이제 민중은 억압해야 할 위험한 존재이고 교화해야 할 우매한 존재가 되었다. 그 이유는 국가의 응집성을 강화시키기 위해 민중을 보다 통합할 필요가 생겼기 때문인데 이것이 '계몽'의 시대였다. 따라서 국가에 의한 민중의 세계로의 개입이 강화되어 엘리트 문화와 민중 문화의 긴장 관계가 고조된다. 단 이 긴장 관계가 본격화되는 것은 19세기에 들어서이다.

3. 정치 위기를 향해

왕정 개혁의 개시

이야기를 다시 돌리면 18세기 중엽 무렵의 프랑스에서는 재정의 재건 필요성에 대해서는 국내적으로 거의 합의에 가까운 수준이었다. 그리고 국왕 정부가 그 주도권을 잡았으나 그 '개혁'의 좌절이 '혁명'을 불러일으켰던 것이다.

정부 입장에서 재정 재건의 정통적 방향은 그때까지 과세를 면제받아온 성직자, 귀족에 대한 과세였다. 이 면제는 본래 왕정의 재정은 왕령지 수입과 간접세로 충당해야 한다는 중세적 관념에 기초한 것인데, 귀족 등에 대한 과세는 국정상의 대전환을 의미하였다. 이에 1749년에 재무총감 마쇼가 처음으로 신분의 구별 없이 과세되는 '20분의 1세'를 주저하며 설정했을 때도 임시세였고 고등법원은 마지못해 왕령(王令)을 받아들였다.

그러나 1760년대에 들어가면 베르탱 재무총감 아래 경지 정리, 개방경지 분할, 농촌 직물공업의 제한 완화 등 자유주의적 경제 개혁이 시작되었다. 이는 각지에 농업협회 등을 만드는 중농주의적 개명 관료들이 추진한 것으로 콜베르주의에 기초한 경제 규제 체계를 전환시킬 목적을 갖고 있었다. 이는 어느 정도의 변화를 가져왔으나 고등법원의 저항 때문에 불완전하게 끝이 났다.

중세에 설치된 고등법원은 18세기 말에는 파리를 비롯한 전국의 주요 12개 도시에 존재하고 있었다. 각각이 관구를 갖는 최고재판소이지만 그 외에 등록권이라는 중요한 기능을 갖고 있었다. 그 관구에 관한 왕령은 고등법원에서 심의되어 등록되지 않으면 효력을 내지 못하는 것이다. 고등법원이 의견이 있을 시에는 건백서(建白書)를 왕에게 제출할 권리가 있지만 그래도 왕이 어전회의를 열어 등록을 강제하면 따르지 않을 수 없었다.

그런데 루이 14세에 의해 정치적 역할이 유명무실해진 고등법원은 이 시기 정부의 재정난의 약체를 틈타 번번이 왕권에 저항하며 점차 대담한 태도를 취하였다. 1770년 건백서가 받아들여지지 않자 파리고등법원이 스트라이크에 들어갔기 때문에, 다음 해 대법관 모페우는 다수의 고등법원 평정관을 추방 및 처분함과 동시에 사법 개혁을 단행하였다. 고등법원을 폐지 내지 개조하여 사법직의 매관제를 폐지하고 해임 가능한 유급 재판관으로 바꾸었던 것이다. 이렇게 재정 개혁은 사법 개혁으로까지 발전하였으나 1774년에 루이 15세가 사망하고 루이 16세(재위 1774~92)가 즉위하자 이 개혁은 철회되었다

'계몽전제주의'의 좌절

이 단계에서 프랑스 왕정은 '계몽전제주의'로 기울고 있었다. 이 개념은 보통 오스트리아, 프로이센, 러시아 같은 후진적 국가의 근대화에 적용되지만, 국제적 지위의 저하를 둘러싼 위기의식 가운데 급속한 국가의 구조 개혁을 도모한 프랑스도 또한 이 개념의 일종으로 볼 수 있는

데, 중간단체를 구성하는 특권 귀족에 대한 왕권의 선제 공격이 그 특징이다. 단 프랑스가 중·동유럽 여러 나라와 다른 점은 첫째 왕정의 중앙집권에 대해 고등법원, 지방 삼부회 등의 중간단체가 저항하는 전통을 갖고 또 길항할 수 있을 정도의 강력한 힘을 갖고 있는 점, 둘째로 사회층의 유동화와 인쇄물의 보급 때문에 새로운 공공권이 생기고 있었던 점에 있었다. 그 때문에 왕정 개혁의 성패는 '공론'의 동향에 달려 있었다. 왕권 측의 개명 관료는 과세의 불평등이나 경제 규제의 폐해를 들어 사단을 비난하고, 고등법원은 '왕국기본법'의 이름 아래 왕정에 의한 중간단체의 권리 침해를 들어 '전제'(專制)를 공격하는 등 쌍방이 자기의 계몽성을 여론에 호소한 것이다.

모페우의 사법 개혁은 신 재판소의 법관 조달이 진행되면서 서서히 성과가 나타나기 시작하여 고등법원을 동요시키고 있었다. 따라서 개혁의 좌절이 필연적이었다고 말할 수는 없다. 그러나 왕정 개혁은 체제의 근간을 이루는 사단 특권이나 영주제 등의 폐지를 염두에 두고 있고 그를 위해서는 강력한 정치적 리더십이 필요한데, 추진력이 될 개명 관료가 정부와 궁정 내에서 소수파인데다 중심이 되어야 할 왕이 우유부단하였다. 앙시앵레짐의 원리를 부정하지 않고 중앙집권의 강화를 꾀하는 것은 '전제'로 기울 우려가 있었기 때문에 개명 관료들 중에서도 이 입장에서 중간단체의 폐지에 반대하는 신중론도 있었다. 모페우의 사법 개혁은 계몽전제주의가 성공할 마지막 기회였지만 개혁 단행의 결속이 부족하였다.

　루이 16세를 보좌한 모르파 백은 모페우를 파면하고 순수한 개명 관료 튀르고(1727~81)를 재무총감으로 기용하였다. 그러나 자유주의적 개혁을 강행한 튀르고가 궁정 내에서 고립되자 1776년 왕은 그를 파면하였다. 그 이후 더욱 대담하게 저항하는 고등법원과 정부의 대립은 지적 엘리트나 일반 주민까지도 '정치화'시켜 1787년부터 고등법원의 운동은 1614년 이래 열린 적이 없는 전국 삼부회의 개최 요구로 좁혀졌다. 1788년 5월, 국새 담당관 라므와뇽은 고등법원의 등록권을 빼앗고 사법 권한을 대폭으로 축소하는 사법 개혁을 다시 강행하였으나 전번 이상으로 각지의 고등법원의 격한 저항에 부딪혀 9월에 또다시 철회하였다. 한편 극도의 정치적 혼란 가운데 궁지에 몰린 정부는 전국 삼부회를 1789년 5월 1일에 소집하기로 예고하였다. 이것이 혁명의 발단이 되었다.

'대서양 혁명'

이 같은 정치 위기는 프랑스뿐이 아니었다. 1960년경에 미국 역사가 파머와 프랑스 사가 고드쇼가 '대서양 혁명'의 개념을 제창하여 화제가 된 적이 있다. 이에 의하면 18세기 후반에 유럽 지역세계에 크든 작든 공통된 패턴의 정치 위기가 각국을 덮치고 있었다. 위기는 두 개의 타입으로 나타났다. 하나는 7년전쟁의 재정난으로 일어난 왕권과 중간단체와의 대립으로 1770년 전후 프랑스, 스웨덴, 오스트리아, 영국에서 발생하여 왕권 측의 승리로 끝난다. 또 하나는 이에 관련되어 일어난 특권층에 대한 부르주아의 대립으로 미국독립혁명의 성공이 이 민주적 혁명의 돌파구가 된다. 참고로 프랑스는 미국독립전쟁에 지원군을 보내 독립을 성공시켜 영국에 한 번 주먹을 날렸으나 재정난을 심화시키기만 하고 끝이 났다. 민주적 혁명은 바로 유럽으로 파급되어 1780년대에 영국, 제노바, 네덜란드, 오스트리아령 네덜란드(1714~1795. 현재의 벨기에)에서 혁명이 일어났다. 이들 모두는 군사적으로 제압당했고 좌절한 많은 혁명가들이 프랑스로 망명해왔다. 대서양 혁명 테제는 프랑스혁명을 유럽 지역세계 전체 가운데에 자리매김한 점에서 선구적인 의의를 갖고

있으나, 각지의 혁명을 '민주적 혁명'으로 밋밋하게 패턴
화할 염려가 있다. 그렇다면 프랑스혁명의 독자성은 어
디에 있는가.

제 6 강
프랑스혁명과 제1제정

〈바스티유 점거, 1789년 7월14일〉(18세기 유채)

1789	5. 전국 삼부회 개최, 7. 헌법제정국민의회 성립 7. 바스티유 점거, '대공포' 발생 8. '8월 4일 밤의 결의' 인권선언 10. 베르사유 행진(왕족, 의회의 파리 이전). 11. 성직자 재산의 국유화
1790	7. 성직자 민사기본법
1791	6. 르샤플리에 법*, 왕가의 도망사건. 7. 샹 드 마르스 사건, 자코뱅 클럽 분열. 9. '1791년헌법' 제정. 10. 입법의회 발족
1792	4. 대오스트리아 선전포고. 8. 튀를리궁 공격, 왕권 정지 9. 발미 전투, 전황 호전, 국민공회 발족, 공화정 선언
1793	1. 루이 16세 처형. 2. 대영국·네덜란드 선전포고, 제1차 대프랑스 대동맹 성립. 6. 지롱드파 수뇌, 국민공회로부터 배제. '1793년헌법' 채택. 7. 봉건제의 완전 무상 폐지. 10. '혁명정부' 선언. 왕비 마리앙투아네트 처형
1794	3. 에베르파, 이어 당통파 처형. 7. 로베스피에르파 처형
1795	8. '공화력 제3년헌법' 채택. 10. 방데미에르 13일의 반란. 국민공회 해산, 총재정부 발족
1796	3. 나폴레옹, 이탈리아 방면 군사령관으로 출발. 5. '바뵈프의 음모' 발각
1797	10. 캄포포르미오조약(오스트리아와의 전쟁 종결)

*프랑스혁명 중 1791년 6월 국민의회에서 가결되어 노동자의 단결금지를 목적으로 주창자 르샤플리에의 이름을 붙인 법안이다. 정식으로는 '동일의 신분, 직업의 노동자 및 직인의 집합에 관한 법'이다. 이미 폐지되어 있던 동업조합의 재건을 금지하고 동일 직업의 시민이 공통의 잉익을 위해 집합하는 것을 금하고 있어 이는 각 개인의 개별적 이익 및 전체적 이익의 존재만을 인정하고 중간적 이익을 지키는 중간단체를 부정하는 이념에 기초하고 있다고 할 수 있다.

1798	5. 나폴레옹, 이집트 원정 출발
1799	11. '브뤼메르 18일'의 쿠데타. 2. '공화력 제8년헌법' 공포, 나폴레옹 제1통령 취임
1804	3. 민법전 제정. 5. 나폴레옹 황제에 즉위, 제1제정 성립
1806	1. 베를린칙령 발포, 대륙 봉쇄
1808	3. 스페인의 반프랑스 봉기
1812	6. 러시아 원정
1814	4. 나폴레옹 퇴위
1815	3. 나폴레옹, '백일천하'. 6. 워털루전투. 7. 세인트헬레나섬으로 유배
1821	5. 나폴레옹, 세인트헬레나에서 사망

프랑스혁명의 해석을 둘러싸고

프랑스혁명을 논하기 전에 먼저 그 해석에 대해 좀 언급해보겠다. 일본의 전후 역사학은 근대국가 개시의 획기(劃期)를 부르주아혁명으로 보고 그 유무 내지 형태가 각각의 근대국가의 성격을 규정한다고 보았다. 또 프랑스혁명은 봉건귀족에 대해 부르주아가 가장 철저하게 싸웠다는 의미에서 부르주아혁명의 전형이라고 설명하였다.

그러나 오늘날 이 견해는 적어도 두 가지 점에서 성립되기 어렵다. 첫째로 이는 일국사 규모에서 봉건제, 자본주의, 사회주의의 연속적 발전 단계를 상정하고 있었으나, 과연 소비에트연방이 그 최종 단계인 사회주의국가의 모델이 될 수 있는가를 논의하는 중에 1960년대부터 귀족과 부르주아는 필연적으로 대립하는 것이 아니고, 또 프랑스혁명은 부르주아가 자본주의의 지배를 목적으로 한 것이 아니라는 '수정주의'가 힘을 얻게 되었다.

지금까지 말했듯이 나는 귀족과 부르주아가 선험적으로 서로 배제하는 적대계급으로 생각지 않는다. 또 프랑스혁명을 고립된 사건으로도 보지 않으며, 이를 18세기 후반부터 시작되는 근대 세계 체제 제2기로의 전환이라는 틀 안에서의 변혁으로 보고 있다. 변혁의 의미는 어디까지나 국가 구조의 전환이고, 이것이 세계에 충격을 준 것은 계급 대립의 강도가 아닌 전환의 방법, 바꿔 말하면 그 정치 문화의 독자성에 있다고 생각한다.

1. 혁명 발생의 방법

복합혁명론

우선 혁명 발생의 방법부터 생각해보자. 단서는 20세기의 대표적 프랑스혁명 사가 조르주 르페브르가 1930년대에 제창한 복합혁명론이다. 이에 의하면 프랑스혁명은 하나의 혁명이 아니고 아리스토크라트(귀족과 그에 준하는 부르주아), 부르주아, 도시 민중, 농민의 네 개의 '혁명'으로 구성되어 결국 '부르주아의 혁명'이 최대의 성과를 올렸다는 의미에서 프랑스혁명은 '부르주아혁명'이라는 것이다. 여기서 중요한 것은 프랑스혁명의 치열한 성격을 봉건귀족 대 부르주아의 대립이라는 측면뿐 아니라 도시와 농촌의 민중을 더한 삼자의 관계에서 살펴보고,

세 혁명이 각각 고유한 성격을 갖는 자율적인 운동이며 그들의 동시 발생으로 결합되고 관련된다는 것이다. 다르게 말하면 귀족의 왕권에 대한 반항, 부르주아의 귀족에 대한 반감, 도시 민중의 식량 폭동, 농민의 토지 소요 등은 단독으로는 결정적인 위기 요인은 아니지만 동시에 발생하여 결합 관련될 때 혁명이 된다는 뜻이다.

이들 요인은 절대왕정기를 통해 체제 그 자체에 내재되어 있었다. 그러나 근대 세계 체제의 제2기로의 전환기에는 귀족에 대한 과세, 부르주아의 '스트레스 존', 그리고 민중의 전통적 세계에 대한 외부 엘리트의 자유주의적 개입 때문에 각각 긴장도가 올라갔다.

여기서 르페브르가 아리스토크라트, 부르주아, 민중이라는 사회계층의 이름으로 표현하는 것을 혁명의 발생을 구성하는 동태적 요인으로 바꾸어 말하면 통합력의 해체, 변혁 주체의 형성, 민중 반란 등 세 가지가 된다. 앞의 강의 말미에서 말한 1788년 여름부터의 고등법원의 왕권에 대한 도를 넘은 저항이 '아리스토크라트의 혁명'이고 그때까지 겨우 지켜왔던 왕권과 특권 귀족과의 균형을 깼다는 점에서 왕정의 통합력의 해체를 의미한다. 그러나 혁명의 진정한 결합 관련을 만들어내는 것은 변혁 주체로서의 부르주아 운동의 출현이고 이 제2요인이 다른 운동체의 배치 관계를 바꾸어 정치 위기를 구조화시켰다.

변혁 주체의 출현

제2요인의 변혁 주체의 출현이란, 원래 체제 내에 본래적으로 '혁명'을 지향하는 계급 또는 집단이 내재해 있어 그것이 점차 힘이 강해져 때가 무르익었기 때문에 행동을 일으키는 것이 아니다. 어떤 종류의 사회적 모태가 있어 그것이 토양이 되어 어떤 상황에 따라 혁명의 '주체'가 되는 집단이 단기간에 형성되는 것이다. 그리고 앞에서 나온 전국 삼부회의 소집이 결정된 1788년 여름이 그러한 상황에 해당된다,

사회적 모태는 전국 각지에 존재했던 살롱이나 서클이고, 팸플릿 같은 미디어를 통해 정부와 고등법원에 대한 항쟁에 주목하며 정치의식이 높아지고 있었던 것이다. 1788년 여름 파리고등법원이 앞으로 열릴 전국 삼부회는 '프롱드의난' 이전의 신분제에 입각한 회의 방식을 취

해야 한다는 '구투묵수(舊套墨守)' 의견을 표명했을 때 이
모체에서 변혁 '주체'가 출현하였다.

이 '주체'는 당시 '파트리요트파'로 불렸고 도시의 정치
적·문화적 서클을 단위로 하는 로컬 운동의 총체에 지나
지 않았다. 남동부의 공업도시 그르노블에서 가장 일찍
운동이 불타올라 전국 삼부회 선거가 실시된 1789년에
비로소 전국으로 파급되었다. 그르노블에 이어 파리의
'30인위원회'로 불리는 서클이 영향력을 갖기 시작하여
이곳에서 시에예스의 『제3신분이란 무엇인가』라는 책자
를 출판하였다.

이처럼 '파트리요트파'는 경제적인 이해 집단이 아니라
평민 상층부라는 의미에서의 '부르주아'가 전국적으로는
대다수를 점하지만 소수의 자유주의 귀족까지 포함한 지
식인 집단이다. 사회적 성격으로는 '마지널 엘리트'라고
할 수 있다. 그르노블의 지도자 무니에와 바르나브 두 사
람은 모두 유복한 상인의 자제들로 변호사이고 전통적인
귀족으로부터 항상 멸시의 시선을 의식하는 관직 보유자
이다. 그들 중에는 왕정 측의 사법 개혁이나 지방의회에
참가하여 사법, 행정 경험을 쌓은 자들이 적지 않다. 또
30인위원회는 법복귀족인 아드리앙 뒤포르를 중심으로

하는 살롱풍의 모임으로 자유주의 귀족들이 주도권을 쥐고 있었고 유력 멤버인 라파에트 후작 등은 대귀족이지만 궁정으로부터 소외되어 불우한 처지였다.

그러나 변혁 주체에게 가장 중요한 속성은 정치 프로그램이다. 왕권과 고등법원의 항쟁이 정치적 혼미를 거듭한 원인은, 한편으로는 과세의 '평등' 이름 아래 중간단체의 '특권'을 부정하는 왕권 측, 다른 한편으로는 정치적 '자유'의 이름으로 왕권의 '전제'를 부정하는 귀족 측의 두 가지 개혁의 논리가 양립 불가능한 것에 있다. 이것이야말로 앙시앵레짐에 내재하는 딜레마이지만 다가올 전국 삼부회를 입헌적인 국민대표기관으로 전환함으로써 일도양단 결론을 내려는 것이 그 프로그램이다. 바꿔 말하면 사단 원리로 편성되어 있는 국가기구 밖에 있는 사회적 결합 관계야말로 정통성을 갖는 '공공권'이라는 논리이고, 여기에서 '국민'의 관념이 탄생한다. 이 논리야말로 변혁의 근간을 이루는 획기적인 것이고 이것이 변혁 주체를 형성시켰다.

1789년 5월 5일에 베르사유에서 개최된 전국 삼부회는 모두의 심의 형식 문제로 갈등을 빚어 정부의 재정안 심의에 들어가지 못한 채 시간이 흘렀다. 프랑스혁명의 가장 긴박한 국면 중 하나이다. 제3신분 대표들의 강경한 태도가 효과를 보아 7월 9일에 전국 삼부회가 헌법제정국민의회로 변신하였다. 그러나 왕은 파리 주변에 2만의 군대를 집결시키고 그 압력으로 의회를 해산시키려 하였다.

유명한 7월 14일의 파리의 바스티유 점거 사전이 발생한 것이 이때이고 이어서 전국의 도시와 농촌이 끓어오르기 시작하였다. 이 민중 반란이 혁명 발생의 결합 관련을 구성하는 제3요인이다.

민중 반란

18세기에 민중과 엘리트 사이에는 문화적 간극이 심화되고 있었음은 앞에서 언급하였는데 1789년 이전부터 민중 소요는 각지에서 일어나고 있었다. 영주의 공조나 국왕의 세금에 대한 반대, 노동쟁의 등, 그 형태는 다양하지만 가장 많은 것은 식량 폭동이었다. 특히 1788년부터 일기불순으로 인해 빵 가격이 매우 올라 그해 겨울부터 다음 해 봄까지 전국의 도시와 농촌에서 식량 폭동이 발생하였다. 민중을 행동에 나서게 한 것은 배고픔이라는 생리적 원인보다는 사회적·문화적인 관념, 즉 식량 부족은 생산의 부족이 아닌 악덕 상인이나 영주의 은닉, 매점매석에 의한 것이고 이것이 식량의 공정한 배분이라는, 민중이 예부터 가져온 관습적 권리를 침해했다는 데 대한 분노였다. 그리고 관습적 권리의 보장은 당국의 의무이므로 자신의 행동은 질서 파괴의 '폭동'이 아니라 당국에 대한 '경고'이자 당국이 해야 할 일을 '대신 집행'하는 정당한 행위라고 민중은 생각하고 있었던 것이다. 이 관념은 '모랄 이코노미'로 불리며 근세 민중 문화의 중요한 요인을 이루고 있다. 경제 규제를 준수하는 옛 엘리트 층도 이 관념을 공유하고 있었다. 당시 일부의 엘리트 사이에 퍼지기 시작하던 새로운 시장경제의 논리와는 이질적인 것이다.

  이 식량 폭동이 전국 삼부회의 선거 시기와 겹쳤던 것이다. 제3신분 대표는 부유한 시민, 지주였기 때문에 그들은 폭동에 의한 소유권의 침해를 우려하여 정국 혼란에 대한 위기의식을 더욱 심화시켰다. 이해 봄 시점에서는 파트리요트파와 민중운동 사이에는 연결이 되어 있지 않았다.

바스티유 점거

그런데 7월에 상황이 급변한다. 7월 12일 아침, 개혁파인 재무장관 네케르의 파면 소식이 베르사유로부터 파리로 전해지자 제3신분 대표의 움직임을 계속 지원해온 파리 시민들은 왕의 군사행동이 가까워졌다고 우려하여 식량이나 무기를 모으기 위해 광분하였고 시내는 소란스러워졌다. 제3신분 의원을 내고 있던 부유 시민들은 군대에 대항함과 동시에 시내의 질서를 유지하기 위해 시청사에 '상설위원회'를 설치하고 지구별로 민병(나중에 '국민위병')을 조직하였다. 이러한 질서유지파의 부유 시민과 그들에게 통제되지 않는 민중의 움직임이 착종(錯綜)하는 상황에 바스티유 점거가 일어났다.

바스티유는 파리 동부 지구에 세워진 중세의 요새로 14일 아침, 무기를 달라고 요구하는 민중이 그곳에 몰려가 상설위원회의 조정에도 불구하고 흥분한 민중들이 요새 중정(中庭)으로 난입하여 총격전 끝에 그곳을 점거하고 시청사로 끌려가던 사령관을 도중에 살해하였다.

바스티유 점거 그 자체는 하나의 해프닝이었지만 충격을 받은 루이 16세는 군대를 철수시키고 네케르를 복직시켰다. 파리의 사건 소식이 전해지자 지방의 도시에서도 파리를 따라하여 선출된 시민 대표가 시정을 장악하고 민병을 조직하는 '시정(市政) 혁명'이 일어났다.

'대공포'와 '8월 4일 밤의 결의'

도시뿐 아니라 농촌도 소란스러워졌다. 이전부터 농민들 사이에는 악의가 있는 귀족이 부랑자를 고용하여 마을을 습격하려는 '음모'를 꾸미고 있다는 근거 없는 공포심이 퍼지고 있었는데, 바스티유 점거 소식이 농촌에 전달되자 드디어 귀족들의 보복이 시작됐다는 경계심이 심해져 '대공포'(그랑 피르)로 불리는 패닉 상태로 접어들었다. 7월 말에는 거의 전국의 농촌이 창과 도끼로 무장하고 일부 지역에서는 '강도' 습격의 거짓 소식에 떠는 농민들이 영주나 지주의 저택을 습격하여 토지 장부를 불태우고 살해하기까지에 이르렀다.

이 농민 소요는 대부분이 영주나 지주인 국민의회의 혁명파 의원 입장에서도 방치할 수 없는 심각한 사태였다. 그러나 군대의 출동에 의지하면 왕의 정치적 입장을 강화시키는 일이 된다. 그리하여 8월 4일부터 5일에 걸친 심야에 자유주의적 귀족 의원들이 불시에 의사를 개회하여 반대파가 없는 사이에 영주권, 교회의 십일조, 매관제 등의 폐지를 한꺼번에 결정하는 모략적 행동으로 나왔다.

이는 통상의 심의로는 쉽게 통과하지 못할 앙시앵레짐의 근간을 이루는 제도의 일소(一掃)를 농촌이 들고일어나는 이상 사태의 압력을 빌어 순식간에 해치운 동시에, 무력을 행사하지 않고 농민을 진정시키는 '일석이조'의 방책으로 보기 좋게 성공하였다. 다음 날부터 결의를 법령화하는 가운데 보수파가 반격해오면서 농민들과 가장 관계가 깊은 영주제의 공조는 유상 폐지가 되었다. 무상으로 알고 진정했던 농민들은 실망하여 혼란은 더욱 계속되었으나 여하튼 '대공포'의 위기는 잦아들고 국민의회의 심의는 돌파구를 열었다. 헌법의 전문이 되는 '인권선언'이 채택된 것이 8월 26일이다.

실은 9월 말, 왕은 지치지도 않고 다시 한 번 베르사유에 군대를 집결시켰으나 10월 5일에 식량 위기를 호소하는 파리 민중, 이에 이어 국민위병이 베르사유로 행진하여 왕실에 압력을 가해 다음 날, 왕 일가를 파리의 튈르리궁으로 옮기게 했다. 왕가에 이어 파리로 옮긴 의회에서는 본격적인 헌법 심의가 시작되어 궤도에 올랐다.

3극 구조

이상 혁명의 발생 과정을 조금 상세히 설명한 것은 여기서 보이는 세 요인이 유럽 지역세계에 공통의 특징인 동시에 프랑스의 독자적 특징을 보이고 있기 때문이다. 특권적 중간단체의 왕권에 대한 저항, 경제 발전을 배경으로 갖는 부르주아 층의 성장, 민중운동. 이것들은 18세기 후반의 '대서양 혁명'을 경험한 서유럽 각국에서 많든 적든 공통으로 보인다.

그러나 프랑스 고유의 특징은 전형적인 절대왕정의 구조에서 유래하는 것이지만 이 세 요인이 강한 긴장을 내포하는 3극 구조를 구성한다는 점이다. 즉 특권 귀족의 저항이 왕정을 기능 마비시킬 정도로까지 완강했기 때문에 막다른 골목으로 들어간 정국을 타개하기 위해 이론적으로 첨예화한 변혁 주체가 출현한다. 그들은 적수 공권의 의원들로 급히 민병(국민위병)을 조직하지만 그 권력 행사는 민중운동의 개입으로 비로소 가능해진다. 그러나 민중운동은 변혁 주체를 엄호하는 별동대는 절대 아니고, 오히려 변혁 주체의 소유 질서(所有秩序)를 위협하는 자율적 존재이다. 변혁 주체는 이들 민중운동의 고조에 지지를 받아 겨우 중앙 및 지방 차원에 제도적 권력교체에 이르렀지만 민중운동을 제어할 능력은 거의 갖고 있지 못했다. 한편 왕정에 저항한 구체제 지배층의 대다수는 예상도 하지 못한 정세의 급변을 목도하고 이젠 외국 세력과의 연계를 꾀하는 반혁명파로 돌아서기 시작하였다.

이것이 1789년 연말의 정세이다. 제도적으로 보면 아직 서구 세계의 리버럴 개혁파나 왕정이 수용할 수 있는 '개혁'의 범위 안이다. 그러나 그 정세의 정치 역학은 이 지역세계에서는 미증유의 경험으로서의 '혁명'이 될 가능성을 내포하고 있었다.

2. 자코뱅주의란 무엇인가

전개의 동인

프랑스혁명은 1789년부터 1799년까지의 10년 간, 보기 드물 정도의 드라마틱한 전개를 보였다. 1794년 여름까지 급진화의 언덕을 단숨에 오른 후 하강선을 그리며 정치적 불안정이 계속되어 1799년 말에 쿠데타로 끝이 났다.

이 전개를 보통 두 가지로 설명한다. 우선 엄중한 상황이어서 제3신분으로 결집되어 있던 변혁 주체가 상층 부르주아, 중류 부르주아, 소부르주아로 내부 분열했다는 계급 대립의 격화에 원인을 구하는 해석, 그리고 혁명이 목표로 한 리버럴한 원칙은 1791년의 입헌 왕정 헌법으로 구체화되었는데도 혁명가들이 루소주의의 관념적 단절주의에 빠져 더욱 혁명을 추진했다는 정치 문화적 해석이다.

이 대립하는 두 개의 설은 모두 변혁 주체에만 초점을 맞추고 있지만 나는 앞에서도 말했듯이 혁명의 발생과 전개를 3극 구조 안에서 논하고 싶다. 1789년의 혁명도 예상치 못한 사태의 급전개 속에서 파트리요트파가 성급하게 이룩한 종이 위의 성과에 지나지 않고, 1790년에 사태가 어느 정도 진정되자 한편에서는 반혁명파의 안팎에서의 획책, 다른 한편에서는 자연 발생적으로 분출한 민중운동의 조직화가 시작된다. 즉 여러 세력의 진영 배치가 형태를 갖추면서 변혁 주체는 국민의회의 다수파이지만 그 기반은 매우 약하고 불안정해졌던 것이다.

이런 견지에서 보면 프랑스혁명의 전개는 91년체제, 혁명독재, 총재정부의 세 국면으로 구분된다.

91년체제

1789년 가을부터 본격적으로 국제(國制) 개혁에 착수한 입헌 왕정파는 이미 '인권선언'으로 법 앞의 평등(사단 원리의 부정)이라는 근대국가의 원리를 표명하고 있다. 그러나 바르나브 등 초기 자코뱅 클럽을 지배하는 리버럴 온건파 주도하에 제정된 '91년헌법'은 선거권을 유산자에 한하는 제한선거제이고 또 왕권과 타협하여 의회의 결정에 대한 잠정적인 왕의 거부권을 인정하였다. 이사이 선거로 새롭게 조직된 지방행정에서는 지역 유력자가 일

제히 정치 계급으로 등장한다. 그 대부분이 변호사, 공증인, 구 관직 보유자, 문필업 등의 직업으로 혁명 전의 프리메이슨이나 문화 서클, 혁명 후의 정치 클럽에 속해 있었다.

이 91년헌법 체제는 앙시앵레짐하에서 가장 앞선 네트워크를 갖고 있던 자유주의 귀족의 주도하에 진행되어 제3신분의 정치화는 한발 늦어져 있었다. 민중은 자유주의적 여러 개혁에 불만을 품어 여전히 전국적으로 소요 상태를 이어갔다. 또 제한선거제에 의한 중앙과 지방 선거의 투표율이 매우 낮은 것은 시민적 공공권이 정상적으로 기능하고 있지 않음을 보여주고 있다.

이 리버럴리즘 노선은 시간을 들이면 정착할지 모른다. 그러나 시간적 여유가 없는 재정 문제 해결을 위한 교회와 수도원의 토지 재산의 국유화나 '성직자 민사기본법' 등의 성급한 조치가 구 세력을 강화시켰다. 게다가 헌법 제정 직전인 1791년 6월 20일 심야에 왕실이 튈르리궁을 빠져나와 동쪽 국경으로 가다 바렌 마을에서 농민들에게 잡히는 사건이 발생하였다. 입헌 왕정파는 곤경에 처하게 되었고 7월 17일 샹 드 마르스에서 폭동화한 공화정 청원 대회를 계기로 자코뱅 클럽은 분열하여 다수파를 점하는 온건파는 푀양 클럽을 만들었다.

1791년 10월 1일에 신헌법에 입각하여 발족한 입법의회에 반혁명파는 참가하지 않았기 때문에 푀양파가 우익, 자코뱅파가 좌익으로 배치하였다. 내외의 반혁명파 운동을 일거에 끊기 위해 나중에 '지롱드파'로 불리는 자코뱅파 내의 그룹이 1792년 4월 20일 대(對)오스트리아 전쟁 선포로 여론을 이끌었다. 그러나 예상했던 것과 다르게 전쟁은 장기화되고 오스트리아·프로이센군은 국경을 돌파하여 파리로 접근해왔다. 군사적 위기 가운데 8월 10일 파리 민중과 지방 의용병이 무장봉기하여 이전부터 외국과 내통하고 있다고 의심받고 있던 튈르리궁을 공격하였다. 왕권은 정지되고 신헌법을 만들기 위한 '국민공회' 선거로 이어졌다.

지롱드파의 노선은 리버럴리즘을 버리지 않은 채 민중의 쇼비니즘에만 호소하는 것으로, 반혁명을 근절하려는 모험주의로 파탄하였다. 여기서부터 프랑스혁명을 가장 특징짓는 자코뱅주의가 탄생하였다.

혁명독재 자코뱅주의

보통선거로 선출된 국민공회(1792년 9월 2일에 발족)에서는 자코뱅 클럽에서 이탈하여 소집단으로 나뉜 구 자코뱅 우파(나중에 '지롱드파'로 총칭)가 우익이 되고, 남은 자코뱅 좌파가 좌익이 되어 높은 의석에 앉아 있었기 때문에 '산악파'(몽타뉴)라고 불렸다. 산악파는 민중운동과 결합해서라도 혁명의 성과를 지키려는 노선을 선택한 의원들이다. 산악파에 동조하는 의원이 점차 많아져 전황 악화로 혁명의 위기가 심화된 1793년 6월 2일 지롱드파 수뇌는 원외의 파리 민중운동과 이에 호응하는 원내의 산악파에 의해 국민공회로부터 배제되었다.

그 후 국민공회는 공화주의의 '1793년헌법'을 채택하였고 10월에는 평화가 도래할 때까지 헌법의 시행을 정지하여 공회에 권력을 집중하는 '혁명정부' 체제를 취할 것을 선언하였다. 특히 공회 내의 공안위원회의 권한이 커졌다. 이것이 이른바 '테뢰르'(공포정치)로 불리는 체제이다. 이 이념은 체제의 핵심적 위치를 점한 로베스피에르에 의해 가장 잘 표명되어 '자코뱅주의'로 말해진다.

로베스피에르는 기본적으로 리버럴 노선에서 벗어나지 않으며 그 연장에 있다. 그에게 민중은 여전히 계몽되어야 할 존재이고 혁명 방위라는 긴급 요청에 직면한 지금, 자연 발생적으로 무질서한 가두의 민중운동을 '시민적 공공권' 안으로 통합하여 이성적 존재로서 변혁 주체의 통제하에 두어야 했다. 그를 위해서는 한편으로 가능한 한 빈곤한 민중들에게 소유를 분배하여 '시민'화하는 것과 동시에, 다른 한편으로 과대한 소유를 제한하고 습속의 전면적 쇄신으로 '새로운 인간'을 만들 필요가 있었다. 그것이 전 생활을 정치화하는 '테뢰르'이다. '테뢰르'는 '덕과 공포'를 원리로 하는 전시 비상 체제이고, '덕'은 공공선으로의 헌신, '공포'는 그에 반하는 자에 대한 징벌을 가리킨다. "덕 없는 공포는 죄악이고 공포 없이 덕은 무력하다."(로베스피에르)

이렇게 '혁명정부'는 단순히 반혁명 세력에 대한 가차 없는 싸움뿐 아니라 독주하는 민중운동의 통제까지 하는 것을 의미하였다. 그 때문에 국민공회는 엄정한 자기 규율을 지키고, 민중의 전망을 자주적으로 실현함으로써 혁명의 지도부로서의 권위를 가져야 한다고 생각하였다. 이것이 혁명재판소의 설치, 최고가격령, 빈농에 대한 토지분배령 같은 조치로 나타났다. 로베스피에르파는 단순히 사회경제의 시책에 의한 민중의 통합뿐 아니라 민중 계몽을 통한 '새로운 인간'으로의 인간 개조를 중시하였다.

그러나 이를 무쇠 같은 혁명독재 체제로 생각해선 안 된다. 원래 산악파에는 모든 공화파의 대동단결을 위해 지롱드파 잔당이나 중간파 의원들과의 타협을 중시하는 우파(당통을 중심으로 함)와 민중운동과의 결합을 중시하는 좌파(비요바렌 등)가 있었고 로베스피에르파는 아주 소수에 지나지 않았다. 또 이들 활동 분자들을 둘러싼 다수의 산악파 의원들은 민중운동에 대한 양보를 혁명을 지키기 위한 필요악으로 보는 기회주의자들이었다. 이들을 포함하여 산악파는 공회 내에서 반수에 달하지 못한 데다 의원의 반수는 민중운동을 경계하고 침묵하면서 시기가 오기를 기다리는 중간 소극파였다.

1794년 봄, 로베스피에르는 당통파 수뇌와 민중운동에 영향력을 갖고 있던 에베르파 등 좌우 세력을 숙청하였다. 여기서 더 나아가 여름에 다시 의회의 쇄신을 도모했을 때 독선적인 정신주의로 기울어 더욱 고립된 로베스피에르는 '혁명정부' 해체로 기우는 우파와 로베스피에르의 개인 독재를 혐오하는 좌파의 연합으로 동지들과 함께 회의장에서 체포되었다(7월 27일, 공화력 2년 테르미도르 9

일). 파리의 민중은 봄 이래 리더들이 체포되어 로베스피에르에게 반감을 갖고 있거나 공직을 받고 보수화되어 사태를 저지하지 않았다.

총재정부

로베스피에르파의 실각 후 혁명정부는 해체되었다. 이는 산악파가 공회 내에서 소수였지만 원외의 민중운동의 압력에 지탱되어 혁명정부가 의회를 지배할 수 있었기에 가능했기 때문이다. 그러나 이제 산악파가 분열하였고 공회 내에 창구를 잃은 민중운동은 조직 없는 대중운동을 반복하다 침체하였다. 이렇게 3극 구조는 해소되고 1795년 가을, 보수적 공화파에 의한 집단지도체제를 기반으로 하는 총재정부로 이행하고(95년체제) 리버럴리즘으로 복귀하였다.

혁명 전과 비교하면 '시민적 공공권'의 기반은 확대되었다. 영주제 폐지나 국유 토지 재산 불하의 토지 정책은 부자들에게 유리한 방식이긴 하나 소유 농민을 증가시켰다. 또 전쟁은 제조업자, 어용 상인 등 많은 '졸부'층을 탄생시켰다. 그리고 부르주아와 민중의 중간에 해당하는 소상인, 수공업 도제들로부터도 지방 행정의 경험을 쌓은 폭넓은 '프티 명망가'층이 형성되고 있었다. 출생, 문벌에서 개인의 '재능' 위주로의 사회 전환은 상당히 전전되고 있었던 것이다.

그러나 이들 사회층은 아직 헤게모니를 형성하기에는 이르지 못한 상태였다. 선거 때마다 좌우로 크게 흔들리는 불안정한 총재정부하에서는 전국의 치안, 행정이 매우 혼란스럽고 관리의 급료 지연, 미불 때문에 정부에 대한 신뢰가 떨어져 지방 행정관의 모집도 쉽지 않았다. 게다가 전쟁은 여전히 계속되어 혁명은 또 다시 위기에 빠졌다. 혁명독재를 재구축하려는 바뵈프 등의 운동이 정부를 흔들었지만 더 이상 변혁 주체와 민중운동의 결합은 있을 수 없었다. 이에 일부의 독재정부파 의원들이 정국 안정을 위해 급속도로 독자 세력으로 대두해온 군부에 기대어 일으킨 것이 1799년의 브뤼메르 18일(11월 9일)의 쿠데타이다.

3. 나폴레옹 제국

혁명의 아들

쿠데타 이후 통령정부가 성립되었다. 5인의 총재를 대
신하여 3명의 통령이 두어졌고, 보통선거제가 부활된 점
에서는 공화 체제의 연속이지만 선거는 명사 리스트를
만든 것일 뿐이었다. 정부는 그중에서 의원을 뽑았다. 게
다가 그 입법기관의 권한은 매우 약했다. 이는 쿠데타 계
획의 중심인물인 총재들 중 한 명인 시에예스의 "권위는
위에서 오고 신뢰는 아래에서 온다"는 구상을 실현한 권
위주의 체제였다. 막대한 권한을 가진 제1통령에는 시에
예스가 쿠데타의 단순한 도구로 이용하려 했던 나폴레옹
보나파르트(1769~1821)가 예상을 뒤엎고 취임하였다.

당시의 군부에는 나폴레옹 외에 공화파 장군들이 있었
으므로 쿠데타 이후의 프랑스의 행보는 전술과 정치에
특출 난 기술자이자 엄청난 야심가였던 나폴레옹의 개성
때문인 부분이 크다.

전 제노바령 코르시카섬의 오랜 가문의 차남으로 태어
나 본토의 병사학교의 급비생이 된 나폴레옹은 역시 마
지널 엘리트의 한 명이다.

그는 혁명이 시작된 후에도 별로 출세하지 못했지만 국민공회 종료 시에 파리에서 일어난 왕당파의 봉기('방데미에르 13일')의 진압에 기용되어 재능을 보인 이후 이탈리아 방면 군사령관으로 공적을 세웠고 이어서 이집트 원정으로 군부의 중진이 되었다. 이처럼 나폴레옹은 진정한 '혁명의 아들'이었다.

제1제정

나폴레옹은 로마교황과의 종교화약(1801)의 체결과 '민법전'(1804)의 제정을 이뤄내며 혁명 후의 사회 안정을 꾀하고, 다른 한편으로 오스트리아나 영국과 화의를 맺어 전면적인 대외적 평화를 회복시켰다. 이들 성과에 힘입어 1802년에 종신통령으로 취임하였고 1804년 5월에는 왕정 부활의 위험을 이유로 원로원 결의와 인민 투표로 세습 황제가 되었다. '제1제정'의 탄생이다.

나폴레옹 제국은 언론출판을 통제하고 레지옹 도뇌르 훈장을 제정하여 새로운 귀족을 탄생시켜 궁정을 부활시켰다. 이 새로운 사회질서의 규준은 '국가에 대한 봉사'였다. 즉 나폴레옹 제국은 전 국민이 황제에게 복종할 것을 요구하는 전제국가였다. 그러나 황제의 정통성은 혈통이 아닌 인민 투표에 입각한다는 점에서 혁명의 원리에 서 있다.

사회 각층은 일부의 자유파를 제외하고 황제 독재를 환영하였다. 영주제의 폐지와 국유화된 토지(성직자, 이어 망명자가 대상이 됨)의 불하로 혁명기에 이익을 본 중소 농민은 기득권의 보호자를 구하여 정치적으로 보수화되고 있었다. 도시 노동자들은 스트라이크의 금지나 '노동 수첩'의 소지 의무로 자유를 제한당했으나 혁명 전이나 혁명 가운데 그들을 고통스럽게 했던 식량 사정이 개선되어 적어도 일상생활을 위협받지는 않게 되었다.

부르주아 역시 혁명기에 성직자나 망명 귀족의 토지를 취득하여 사회적 안정을 바랐고, 신분차별이 폐지된 군대나 관리에 사회적 상승 기회를 찾고 있었다. 또 영국에 대항하는 공업 보호나 대륙 지배는 프랑스 산업에 국외 시장의 확대를 약속해주는 듯이 보였다.

그다음은 군사적 승리로 내셔널리즘을 고양시켜 국민의 자발성을 권위주의적으로 동원하면 되는 일이었다. 이는 1811년까지 순조롭게 진행되었으나 결국엔 바퀴가 어긋나게 되었다.

붕괴

　1792년에 입법의회가 전쟁을 시작한 이래 혁명방위전쟁과 혁명수출전쟁의 구별은 점차 모호해져갔다. 특히 총재정부하에 군부가 정부의 통제를 벗어남에 따라 정복전쟁이 성격을 띠고 해방의 이념은 프랑스의 국가 이익의 수단이 되었다.

　프랑스의 기본적인 적은 부르봉왕조 말기 이래 영국이었으나 트라팔가르해전(1805)에서 괴멸적 타격을 입은 뒤에는 영국 본토에 대한 직접 공격을 단념하고 대륙 정복에 전념하였다. 1810~11년이 제국의 절정이었다.

　1808년의 프랑스군에 저항하는 스페인의 봉기 때부터 군사적 패퇴가 시작되어 1812년의 러시아원정으로 끝이 났다. 비참한 패퇴는 러시아에 침입한 70만의 대륙군 중 40만의 병사가 러시아에 버려졌고 그중 10만 명이 포로가 되었다.

　이 기회에 프로이센, 오스트리아가 러시아와 함께 반

나폴레옹전쟁을 일으켜 1814년 4월 나폴레옹은 퇴위당해 지중해의 엘바섬에 유폐되었다. 파리에서는 루이 16세의 동생 루이 18세가 망명처에서 돌아와 왕정을 복고시켰으나 나폴레옹은 다음 해 1815년에 엘바섬을 탈출하여 남프랑스에 상륙, 파리로 들어가 제정을 부활시켰다. 그러나 6월 워털루전투에서 반나폴레옹 동맹군에 패하여 '백일천하'는 막을 내렸다. 실의에 빠진 나폴레옹은 대서양의 고도 세인트헬레나섬으로 유배되어 전설 속의 인물이 되었다.

프랑스혁명과 제1제정은 프랑스사에서 하나의 블록을 이루고 있다. 나폴레옹 성공의 최대 이유는 강력한 정부를 바라는 프랑스 사회의 요청에 그 권위주의적인 개성과 장대한 야심이 결합된 데 있다. 혁명으로 변화한 사회는 나폴레옹 제정의 정치 문화 속에서 안정된 해결을 찾은 듯이 보였다. 거기에는 시민적 평등(사단의 폐지)과 인민주권이라는 혁명의 원리는 계승되어 있다. 대중에 호소하는 인민 투표 방식은 민주주의의 한 형태이다. 그러나 그 국가는 혁명의 군사적 방위와 행정적 효율의 우선을 지상명령으로 하는 관료주의적 관리 국가이기도 했다. 이 정치체제의 약점은 군사적 영광에 의존함으로써 그 영광이 좌절되었을 때 가혹한 병역 의무를 지는 농민과 전비의 증세를 감당하는 부르주아의 불만을 현재화시켰던 것이다.

'부르주아혁명'과 '시민혁명'

여기서 프랑스혁명과 메이지의 변혁(메이지유신에서 국회개설까지)과의 비교에 대해 한마디 해두고 싶다. 일본에서는 전전부터 구미 학계의 당시의 주류적 해석을 수용하여 '프랑스혁명~부르주아혁명'론이 지배적이었고 그 입장에서 메이지 변혁과의 비교가 이루어져 왔다.

현재의 역사학계에서는 프랑스혁명이 경제적 계급으로서의 '부르주아'가 자본주의의 확립을 주목적으로 일으킨 혁명이라는 의미의 '부르주아혁명'론은 통용되지 않고 있다. 산업자본가가 변혁 주체의 근간인 것도 아니다.

그러나 지금까지 나는 '부르주아' 개념을 경제적이 아니고 사회·정치적 개념으로, 즉 민중층으로부터 상승하는 신흥 중간층으로 설명해왔다. 이 사회층은 상인, 산업가, 관료, 법조, 언론인 등 어떤 의미에서 국가의 구조적,

지역적 집권화의 흐름을 타고 상승해온 마지널 엘리트이고 이 의미에서는 프랑스혁명을 '부르주아혁명'으로 규정할 수 있다. 왜냐 하면 이 사회층이 변혁 주체의 근간이 되어 그들 엘리트를 '마지널'하게 만들었던 신분, 사단, 산업 규제 등의 해소를 변혁의 목적으로 했기 때문이다.

그리고 일본에서는 '부르주아' 용어를 '시민'으로 이해했기 때문에 '시민혁명'이 동의어로 사용되었지만 그 개념 내용은 반드시 동일하지는 않다. '시민혁명' 개념은 그 혁명의 목적이 '시민사회'의 수립을 함의하고 있다. '시민사회'란 영어의 civil society(프랑스말로 sosiété civille)의 약어로 '민간공공사회'로도 번역되는데, 요컨대 민간의 경제행위나 문화 활동 등 국가에 포섭되지 않는 사회생활의 자율적 분야를 가리키는 추상적 개념이다. 그리고 우리는 말하는 의미의 '부르주아혁명'은 많든 적든 새로운 공공권을 만들어내기 때문에 '시민혁명'이기도 하지만, '시민혁명'은 20세기의 독재국가에서도 일어날 수 있기 때문에 역시 정치사회학적인 범주에 속하는 개념이다.

메이지 변혁(메이지유신에서 국회 개설까지)과 프랑스혁명이 비교사의 대상이 될 수 있었던 것은 양자가 자본주의세계 체제 제2기로의 이행기에서 국가 구조의 전환을 목적으로 하는 정치혁명이기 때문이다. 또한 변혁의 목적이 중간단체의 해소(메이지 변혁에서는 폐번치현[廢藩置県], 무사 신분제 해소)로 인한 국가의 응집력 향상이라는 역사적 위상에서도 공통점이 있기 때문이다.

이 점에 대해 하나 더 언급하자면, 두 변혁 모두 3극 구조가 보이지만 프랑스혁명에서는 혁명 주체가 '자유' '평등' 개념을 통일하는 리버럴 데모크라시를 내세워 등장하여 힘든 상황에서 자코뱅주의와 보나파르티슴(인민 투표적 데모크라시)이 파생된 데 비해, 일본의 메이지 변혁에서는 저항 세력이 비교적 쉽게 배제되었기 때문에 민중적 요인의 개입 의존도가 약하다. 이는 프랑스혁명에서는 과거와 단절하려는 강한 열망, 보편주의에 대한 신뢰 등을 특색으로 하는 정치 문화의 전통을 낳은 데 비해, 메이지 변혁에서는 그것이 약하다는 차이를 만들어냈다.

제 **7** 강
혁명과 명망가의 시대

스당에서 포로가 된 나폴레옹 3세와 항복한 파리 국방 정부의 트로쉬 장군(1871년의 풍자화)

1814	복고 왕정 개시. '헌장' 공포, 빈회의(~15)
1823	루이 18세 사망, 샤를 10세 즉위
1825	10억 프랑법 성립*
1830	알제리 점령/7월혁명. 7월왕정 수립(~48)
1840	외무장관 기조 실권 장악, 나폴레옹의 유해, 파리로 귀환
1848	2월혁명. 제2공화정 성립/6월 사건. 루이나폴레옹, 대통령에 선출
1851	루이나폴레옹의 쿠데타. 인민 투표로 승인
1852	제정 부활의 인민 투표. 나폴레옹 3세, 황제로 즉위. 제2제정 수립
1853	오스만, 파리 개조에 착수
1854	크림전쟁에 개입(~56)
1859	이탈리아 통일 전쟁(~60)
1860	영·불 통상조약
1862	멕시코 출병(~67). 코친차이나 병합
1864	노동자의 단결권 승인. 제1인터내셔널 파리지부 창설
1867	멕시코 철병
1870	헌법 개정. 프로이센에 선전포고, 스당에서 항복. 제2제정 붕괴

---

*1825년 1월 프랑스 왕 샤를 10세가 의회에 제출하여 5월에 성립한 전 망명 귀족의 토지보상법. 프랑스혁명 중 정부에 몰수되어 분할 매각된 소유지에 대해 국고로 손해 배상하는 법으로 보상의 대상 재산이 10억 프랑으로 평가된 데서 이 이름으로 불리게 되었다.

통합력으로서의 정치 문화

나폴레옹 몰락 후 19세기의 프랑스 정치체제는 눈이 휘둥그레질 정도로 변화하였다. 복고 왕정(1814~30), 7월왕정(30~48), 제2공화정(48~52), 제2제정(52~70), 그리고 단명한 자치체 정부인 파리코뮌(71) 이후 제3공화정(75~1940), 여기에 프랑스혁명을 넣으면 85년 사이에 11번 정체(政體)가 바뀐 것이다.

지금까지 이 전환은 마르크스주의뿐 아니라 그때 발전하고 있던 산업화에 따른 계급 대립으로 설명되는 경우가 많았다. 귀족 대 부르주아, 이어 부르주아 대 노동자의 계급투쟁으로 역사의 무대가 우에서 좌로 바뀌고, 프랑스는 이 전회(轉回)가 고전적 단계를 거쳐 진행되는 나라라는 식이었다.

분명 산업화는 계급 간의 새로운 간극을 만들어내고 새로운 계급 대립을 탄생시켰다. 그러나 제2제정 시기는 전성기를 지난 부르주아와 상승기 노동자의 균형 상태이기는커녕 부르주아는 아직 성숙해가는 과정에 있었다. 파리코뮌의 노동자는 근대적인 프롤레타리아가 아닌 전통적인 직인(職人) 노동자였다. 그보다도 이 전회의 마지막 단계에 기록적으로 장기에 걸쳐 안정된 부르주아 국가인 제3공화정이 등장하였다. 따라서 정치적 불안정은 계급 대립의 무대가 계속적으로 바뀌는 것이 아닌 다른 상황으로 이해할 필요가 있다. 역사의 중심에는 항상 부르주아가 있는 것이다.

이에 나폴레옹 이후의 유럽 전체로 눈을 돌려보면, 프랑스혁명과 나폴레옹 제국으로 혼란스러워진 국제 질서를 회복하기 위한 빈체제가 탄생되지만, 유럽 지역세계는 18세기 후반부터 전환기에 접어들어 영국을 선두로 한 산업혁명과 프랑스의 경험이 더해져 더욱 심각해진 정치 변혁이라는 2중의 시련 속에 놓여 있었다. 이 전환을 어떻게 평온하게 달성할 것인가가 각국이 공통으로 안고 있는 현실적 과제였고, 프랑스에서 두드러진 정치적 불안정은 이 과정의 달성이 다른 어떤 나라보다도 어려웠음을 의미한다.

그런데 프랑스의 이러한 전개에는 매우 특징적인 두 가지가 있다. 그 하나는 마치 프랑스혁명의 비디오가 재생되듯이 왕정에서 공화정을 거쳐 제정에 이르는 경과를 보여준다는 것이다. 거기에는 3극 구조가 재생되어 자유와 평등의 문제가 재현된다. 또 하나는 프랑스혁명의 경험이 복수의 정치 문화로 형상화되어 통합 원리로 경합한다. 생시몽, 토크빌, 프루동 그리고 망명자 마르크스 등 이사이의 이념가들 모두가 프랑스혁명을 참고사항으로 하거나 혹은 직접 프랑스 혁명사를 저술하고 있는 점은 주목할 만하다.

그러나 나는 이것을 정치사상이나 이데올로기로서가 아닌 정치 문화로 보려 한다. 여기서 말하는 '정치 문화'란 언설, 상징, 의례 등으로 구성되는 표상 시스템이며, 개인이나 집단의 정치행위는 이념이나 이데올로기가 아닌 이들 표상 시스템으로 결정된다는 입장이다. 정치 문화는 사회 내에 복수로 존재하고 조직이나 집단이 담당하여 보급된다. 서로 영향을 주고 절충하며 변용해가는 것이 정치 문화의 특성이다. 예를 들면 '메이지유신의 정치 문화'라고 하는 경우, 메이지유신의 단일 정치 문화의 의미가 아니고 그 가운데서 압도적인 다수를 형성하는 문화를 말한다.

본 강에서 다루는 시기에 프랑스혁명의 경험은 정통주의, 리버럴리즘, 민주적 공화주의, 인민 투표형 데모크라시, 아나키즘 등의 복수의 정치 문화로서 형상화되고 통합 원리로 경합하는 것이다.

1. '헌장' 체제

복고주의

1814년 5월, 1791년 이래 망명 생활을 보내고 있던 루이 16세의 남동생 프로방스 백이 루이 18세(재위 1814~24)로서 영국에서 파리로 귀환하였다. 왕과 비슷한 시기에 망명 귀족들도 속속 귀국하여 각지에서 복수심에 가득 찬 백색테러가 일어났다. 그러나 대부분의 국민들은 나폴레옹은 버렸어도 혁명의 원리를 버리지 않고 있었다.

프랑스를 둘러싼 국제 정세도 반동적인 왕정의 부활을 바라지는 않았다. 빈회의의 목적은 혁명의 재발을 방지하기 위해 영국, 러시아, 오스트리아, 프로이센, 프랑스의 다섯 열강이 협조하여 평화를 지키는 것이고, 이를 위해서는 혁명 재발을 피할 안전판으로서 프랑스에 어느 정도의 리버럴리즘이 허용되었다.

이런 정세에서 루이 18세가 추진한 것이 1814년 6월 4일 공포한 '헌장'(샤르트)으로 보여진 중도정치이다. 이는 국민주권을 부정하고 가톨릭을 국교화하는 등 반동적인 측면도 있지만 다른 한편으로 법 앞의 평등, 소유권의 불가침, 언론출판의 자유 등 혁명의 원칙을 확인하고 있다.

또 왕이 임명하는 세습의원으로 구성된 귀족원과 제한선거로 뽑힌 대의원의 양원제이지만, 대신의 임명권과 법의 발의권은 왕만이 할 수 있었다. 요컨대 앙시앵레짐과 91년체제와의 타협이다.

그러나 25년에 걸친 프랑스인 사이의 유혈과 적대는 간단히 타협할 수 없어, '일트라'로 불리는 과격 왕당파는 혁명을 증오하였고 '리베로'로 불리는 자유파는 '헌장'에 포함된 입헌주의를 지키려 하였다. 루이 18세는 겨우 중도정치를 지켰지만 1824년에 왕의 동생이자 일트라의 수령 아르투아 백이 샤를 10세(재위 1824~30)로 왕위에 오르자 반동정치가 시작되었다. 혁명기에 토지를 몰수 매각된 망명 귀족에게 보상금을 지급하는 '망명 귀족의 10억 프랑법'(1825)이나 랭스대성당에서의 성별식의 부활 등이 그 시작이었다. 그리고 1830년 자유파가 억압에도 불구하고 대의원 선거에서 승리하자 샤를 10세는 7월 25알 신문발행의 제한, 의회의 해산, 상공업자를 배제하는 선거권의 제한 등의 왕령을 내렸다.

이것이 '7월혁명'의 계기가 되었다.

7월혁명

7월혁명은 파리의 '영광의 3일간'으로 끝난 싱거운 사건이었다. 7월 26일 자유파인 아돌프 티에르(1797~1877)가 발행하는 '르 나시오날'에 실린 왕령에 대한 항의문이 최초의 행동이 되어 다음 날 27일에 학생, 노동자, 시민들이 파리 시내에 바리케이드를 쳤다. 그날 밤부터 시내는 봉기 상태로 들어가 군대와의 전투가 시작되었으나 병사들은 봉기대에 동조하여 29일 아침에는 의회가 있는 부르봉 궁도 봉기대에 점거당했다. 이사이 데모대 측의 사망자는 800명, 부상자는 4천 명에 달했다.

거리의 봉기대는 1789년의 영웅 라파예트를 대통령으로 하는 공화정을 바랐으나 자유파 의원들은 정세의 진정을 기다려 오를레앙 공 루이필리프(1773~1850, 재위 1830~48)를 왕으로 하자는 티에르의 제안에 찬성하였다. 오를레앙 가문은 왕가의 중심임에도 불구하고 프랑스혁명기에 당시의 왕 루이 필리프 조제프가 종형제인 루이 16세의 사형에 찬성 투표하였기 때문에 아들인 루이필리프는 부르봉가로부터 미움을 받아 공직에서 배제되어왔다. 한편 의회에서 급거 헌장을 개정하여 8월 9일 루이필리프가 이 헌장의 준수를 선언하며 '7월왕정'이 탄생하였다.

명망가 체제

7월왕정은 리베로가 권력의 자리를 점하는 '부르주아'의 국가였으나 불과 18년밖에 이어지지 못했다. 복고 왕정 후기의 부르봉 정통주의가 무너진 뒤에도 리버럴리즘이 안정된 정치체제가 되지 못한 것은 무엇 때문일까.

이 시기의 프랑스의 정치 구조는 '명망가 체제'라고 말한다. '명망가'란 지방 사회의 엘리트로서 그들이 영향력을 발휘할 수 있었던 것은 앙시앵레짐 시기의 귀족과 같은 혈통이나 신분이 아니고, 또 19세기 말 이후의 유력자처럼 정당이나 단체의 조직력에 의한 것도 아니다. 그것은 재력, 교양, 생활양식 등에 유래하는 위신 외에도 의원으로서 직접 혹은 인맥을 통해 간접적으로 중앙 정치와 연결되어 있기 때문이다. 그들이 선거에서 뽑히는 것은 특정 사회층의 이해를 대표하기 때문이어서가 아니라, 지방 사회의 가치관을 관리하여 무언의 합의를 이루는 '높은 사람'이기 때문이다. 명망가의 직업은 지주, 기업가, 관리, 자유직업인 등 폭넓은 계층에서 나타났고, 동일 인물에게 경제·정치·사회의 제 권력이 분화되지 않고 집중되어 있다.

이 정치체제는 사단이 해소되어 법적으로 평등한 사회

가 되었고 산업화의 진행으로 전국적인 관련성은 커져가는 한편, 아직 지방적인 공동체가 남아 있어 개인적인 사회관계가 강하게 작용하고 있는 과도기라는 조건에서 탄생하였다. 이 명망가 체제는 프랑스에서는 안정적이지 못했다.

이에 전형적인 명망가 체제가 탄생했다고 말해지는 동시대의 영국에 대해 그 안정의 조건을 찾아보겠다. 첫째 명망가를 구성하는 지주귀족과 부르주아의 사회적 혼교가 순조롭게 진행되고 있는 점이다. 두 번째로 제한선거제이면서 의회 개혁 운동의 진전으로 극단적인 과두제가 아닌 점, 세 번째는 '자조'(自助)의 엘리트에 의한 부르주아의 노동자 통합이 어느 정도 성공하고 있다는 점이다. 한마디로 말해 '시민사회'가 성숙하여 그것이 약한 중앙의 국가권력을 밑에서 지탱하는 리버럴리즘의 국가인 것이다.

그러나 7월왕정에서는 이들 조건이 부족했다.

7월왕정의 약점

우선 귀족과 부르주아 사이에 깊은 간극이 있었다. 망

명지에서 귀국한 귀족들 중에는 대지주가 많아 '우리 시대의 봄'을 꿈꾸는 과격한 정통주의가 횡행하고 있었지만, 7월혁명 후에는 중앙 정계에서 은퇴하여 영지의 저택에 틀어박히는 경향이 강했다. 그들에게 루이필리프의 즉위는 혈통의 '정통성'이 아니고 삼색기의 혁명에 의한 것이기에 용납하기 어려웠다. 그들은 가까운 농촌사회에 영향력을 유지하여 지방 정치에서 무시할 수 없는 세력으로 존속하였다.

다른 한편으로 부르주아는 분열되어 있었다. 7월왕정하의 프랑스는 개인의 경제활동, 관료 코스. 전쟁, 예술 활동 등을 통해 자신의 재능을 충분히 살려 입신출세할 수 있는 길이 쉬워졌다는 점에서 유럽에서 가장 '부르주아적'인 사회라고 말해진다. 그러나 그 정점에는 국채, 보험 등 금융 업무로 정부로 침투한 로쉴드(로스차일드)가 등 '오트 방크'로 불리는 대부르주아가 있었는데 이 과두 지배에 대해 중소 부르주아는 반감을 갖고 있었다.

이는 선거제도에도 보인다, 개정 헌장에서는 선거 자격인 납세액이나 투표 연령이 낮춰진 점에서 7월왕정은 복고 왕정보다는 어느 정도 민주적이다. 그러나 1832년의 선거법 개정 후의 영국에서는 주민 30명 당 1명의 선거인이 있었던 데 비해 프랑스에서는 1848년의 선거법 개정 후에도 150명 당 1명의 선거인이 있어 역시 선거권의 제한은 엄격하였다. 또 의회에 대한 왕의 권한은 영국보다 강했다. 이 때문에 7월혁명에 대한 평가가 부르주아 내부에서 달랐다. 대부르주아가 샤를 10세의 반동적인 쿠데타에 대한 단순한 저항이라 생각한 데 비해, 중소 부르주아의 공화주의자들은 파리 가두의 삼색기의 승리가 소수의 정치가에 의해 훼손되었다고 받아들였다. 공화주의자인 학생과 민중은 종종 데모나 폭동을 계속하여 정부를 위협하고 리옹과 그 외 지역의 노동자의 폭동과 결합하기 시작하였다.

이같이 귀족과 부르주의 사이의 간극이 깊고 부르주아 자체 내부가 서로 반목하면서 시민사회가 성숙하지 못하여 명망가 체제는 안정성을 잃게 되었다. 명망가는 자력으로는 주민의 합의를 도출할 수 없어 리버럴리즘 이념에 등을 돌리고 강력한 국가의 권위를 방패로 삼지 않을 수 없게 되었다.

노동자에 대한 부르주아의 통합 능력도 낮았다. 영국에 비해 도시화가 늦은 프랑스에서는 농촌인구의 도시로의 이동은 19세기 전반에는 약했고 대부분의 도시 공업은 전통적인 수공업자들이 담당하였다. 1830년대에 격해진 스트라이크는 이 전통적인 숙련노동자들이 일으킨 것이었다. 그들의 조직은 전통적인 길드(코르포라시옹)적 결합에 개인적 자발성을 더해 재편성된 '아소시아시옹'으로 노동자 운동의 자율성이 중시되었다. 독학으로 교양을 쌓고 공화주의의 영향을 받은 인쇄공, 건설공 같은 기술자들이 리더였다.

기조

7월왕정은 그 성립 경과에서 보듯이 혁명과 왕정의 결합이고 그 점에서는 프랑스혁명기의 91년 왕정과 비슷하다. 그리고 오를레앙파는 프랑스혁명의 경험을 바탕으로 민중의 가두 행동을 위험시하여 자유와 민주(평등), 혁명의 두 원리는 양립할 수 없다는 입장에서 자유만을 채택하였다. 그것이 7월왕정 시기 리버럴리즘의 기본적인 성격이다. 의회에는 소수의 공화파나 자유파 좌파가 있었으나 7월왕정을 지지하는 의회 다수파는 보수적이고 언론인 출신으로 여론에 민감한 티에르와 부르주아의 지지를 받는 프랑수아 기조(1787~1874)가 영향력을 갖고 있었다.

티에르는 처음엔 왕의 신임을 얻었으나 국내 여론을 배경으로 강경한 동방 정책을 취해 지중해의 재해권을 둘러싸고 영국과 충돌하였다. 그 때문에 국제적 고립을 우려한 왕은 티에르를 파면하고 기조에게 주도권이 옮겨 가게 되었다. 현실 정치가인 기조는 영국과의 협조를 회복함과 동시에 문자 그대로의 '중용 정책'을 실시하였다. 영국의 시장 지배를 경계하는 중소 부르주아들에게 기조는 영국의 앞잡이처럼 보였다. 중소 부르주아들이 요구하는 선거권의 확대에 대해 기조는 양보하지 않는 단호한 자세를 취했다. 그의 정치 신념은 "부자가 되라. 그러면 선거에 끼워주겠다."라는 말로 유명하다. 이 냉혈한 리버럴리즘의 저변에는 "나는 왕의 신수권도 인민주권도 믿지 않는다." "나는 이성, 정의, 법의 주권을 믿는다."는 정치철학이 깔려 있다. 그에 의하면 이성이란 사회 깊숙이 숨어 있는 것이고 선거란 능력이 있는 자가 그 이성을 끌어내는 작업인 것이다. 따라서 투표는 권리가 아닌 기능이고 그 능력은 자산으로 자질이 보증되어 있는 유산자, 특히 지주에게 있다. 이것이 프랑스뿐만이 아닌 제한선거제의 논리인 것이다. 근로와 절약으로 자산을 일군 모든 자들에게 선거 자격이 주어져 있었으니 리버럴리즘임에는 틀림이 없으나, 기조가 생각하는 '중간계급'은 매우 좁아 이 리버럴리즘의 과두성이 7월왕정을 단명시키게 된다.

2. 2월혁명과 제2공화정

1848년

  7월왕정은 1848년의 2월혁명으로 무너졌다. 이 정변은 러시아와 스페인을 제외한 유럽 각지에서 연쇄적으로 혁명을 파급시켜 여러 면에서 유럽 정치의 전환점이 되었다. 첫째로 빈체제가 붕괴하고 국민국가가 경합하는 격동기로 접어들었다. 둘째, 부르주아적 개혁 과제는 아직 남아 있었으나 그것을 혁명으로 달성하는 경우는 없어졌다. 셋째로 세기 전반의 정치 풍조는 리버럴리즘이 주류를 이루었으나 데모크라시가 동등의 무게를 갖기 시작하였다.

2월혁명

7월혁명도 그랬지만 2월혁명은 프랑스혁명과 같이 3극 구조를 보이고 있다. 반혁명, 변혁 주체, 민중의 세 세력이 각각 자율적인 정립 관계에 있고, 변혁 주체와 민중 사이에 결합 관계가 형성된다. 우선 1846년 이래 흉작에 의한 식량 부족과 공업 생산의 부진으로 실업자 수가 증가하여 도시 소요가 발생하였다. 한편 오를레앙 왕정 좌파, 공화파에 의한 선거권 확대의 의회 개혁 운동이 영국의 제도를 흉내낸 '개혁 잔치'라는 집회의 형태를 띠고 파리를 비롯하여 전국으로 확대되고 있었다. 이에 대해 1848년 2월 22일, 기조 정부가 파리의 대규모 연회 집회에 금지령을 내렸기 때문에 그날부터 파리의 학생, 민중이 거리로 나와 소란스러워졌다. 다음 날 23일에 국민위병(민병)이 반란 측에 가담하였고 24일에는 민중이 시청사, 왕궁을 점거하여 루이필리프는 퇴위하고 영국으로 망명하였다. 급작스럽게 의원들이 모인 대의원 의장은 매우 혼란스러워 무장한 민중의 압력하에 공화파가 제안한 임시정부의 설치가 결의되어 공화정이 선언되었다. 불과 3일 안에 일어난 일이었다.

임시정부는 여러 세력으로 급조된 집단으로 우파에 자

유주의 공화파, 좌파는 사회주의자가 있었다. 라마르틴과 르드뤼 롤랭, 두 명의 공화주의 좌파가 중간의 조정 역할을 담당하였다. 임시정부는 남자 보통선거, 언론과 집회의 자유 외에 노동자를 위한 '국립 작업장'이라는 실업구제 공공사업을 결정하였다. 변혁 주체와 민중운동의 요구의 실현이었다. 이런 급전개한 상황을 바탕으로 4월에 헌법 제정 의회의 선거가 시행되었다.

지금까지는 프랑스혁명기인 1789년과 같은 3극 구조의 전개였다. 그러나 선거는 예상대로 파리의 과격한 사태를 염려하는 지방의 여론을 반영하여 온건한 공화파가 과반수를 점하였고, 좌파는 왕당파에도 못 미치는 참패를 맛보았다. 여기서부터 국면이 바뀌게 되었다.

3극 구조의 해체

제2국면은 루이 블랑과 알베르, 두 명의 사회주의자가 정부로부터 배제되어 국립 작업장이 폐쇄된 데서 시작된다. 폐쇄에 반대하는 파리의 민중 봉기가 6월 23일~26일에 걸쳐 철저하게 탄압당하며 다수의 사상자를 내었다. 공화파 정부와 사회주의·민중운동 사이의 간극은 결정적으로 되었다. 이후 11월 4일에 제2공화정 헌법이 제정되었다. 남자 보통선거로 뽑힌 일원제 의회가 입법권을 대통령이 행정권을 갖는 내용이고, 12월 10일의 대통령선거에서는 예상 밖의 인물 루이나폴레옹 보나파르트(1808~73, 황제 1852~70)가 투표 총수의 사분의 삼을 획득하여 당선되었다.

루이나폴레옹은 나폴레옹 1세의 형 네덜란드 왕 루이의 셋째 아들로 긴 망명 생활, 방랑, 반란, 투옥의 경력을 가진 정체를 알 수 없는 모험가로 알려져 있었다. 선거에 임하며 그는 프랑스혁명으로 고양된 인민의 권리와 권위적 지도자가 초래한 질서라는 두 가지 원칙의 결합이야말로 프랑스의 혼미한 현상을 타파하고 국민들에게 영광을 약속한다는 '나폴레옹적 이념'을 신문, 판화, 노래 등의 대중 미디어를 동원하여 침투시켰다. 또 1840년 말에 나폴레옹 1세의 유해가 세인트헬레나섬에서 파리의 앵발리드로 옮겨져 혁명의 수호자, 불운한 영웅과 같은 '나폴레옹 전설'이 만들어졌던 것도 그에게 유리하게 작용하였다. 루이나폴레옹의 폭발적인 성공을 떠받쳤던 것은 국민의 대다수를 차지하는 농민이었고 농업 불황 타

개의 바람을 혁명기 농민의 '수호자'였던 나폴레옹의 이름에 기대었다. 부르주아 공화파에 환멸을 느낀 노동자들도 그의 노동자 보호에 기대를 걸었다. 공화파의 기반이던 중소 부르주아도 영국에 대항하여 산업을 보호한 나폴레옹의 추억을 소환하였다.

새 대통령은 재결집하기 시작한 왕정파인 '질서파' 내각을 임명하여 정국은 반사회주의에서 반공화주의로 전환하였다. 1849년 5월 선거에서는 온건 공화파가 쇠퇴하고 다수파인 '질서파'와, 공화파 좌파와 민주파를 합친 소수파인 '산악파'가 대치하였다. 이젠 호헌의 수세에 몰린 산악파는 로마로 군대 파견한 것에 항의한 6월 13일의 가두 행동을 진압당해 지도자는 망명하였다. 프랑스는 '공화파가 없는 공화국'이 되어 3극 구조는 해체되었다.

질서파와 루이나폴레옹

여기서부터 제3의 국면으로 접어든다. 질서파는 오를레앙파를 중심으로 하는 명망가이고 루이나폴레옹을 괴뢰정부로 보고 있었다. 질서가 회복된 지금은 필요가 없는 존재였다. 한편 루이나폴레옹은 몽상적 야심가였다. 여기서부터 공화파가 없어진 이후의 권력을 놓고 의회와 대통령의 각축이 시작되었다. 의회가 출판, 집회를 제한하고 교육에 대한 가톨릭의 감독권을 강화하며 1850년 5월에는 제한선거제를 부활하는 등 반동정치를 펴나갔다. 이에 대해 루이나폴레옹은 각지를 유세하며 민심의 불만을 의회로 돌리고 군부를 장악하고 1851년 12월 2일 쿠데타를 감행하여 의회를 해산시켰다.

쿠데타에 대한 각지의 산발적인 항의 행동은 간단히 제압되어 산악파 의원은 유형, 추방당하고 공화파인 빅토르 위고도 망명하였다. 많은 지식인이 항의에 가담하지는 않았으나 이후 체제에 등을 돌렸다.

루이나폴레옹은 쿠데타의 결과를 인민 투표에 부쳐 압도적 다수로 승인받았고 다음 해 대통령 권한의 확대와 보통선거의 부활을 명문화한 신헌법을 제정하였다. 2, 3월의 선거에서 정부 공인(公認) 의원이 거의 전 의석을 차지한 뒤 인민 투표에서 압도적 다수의 득표로 제정(帝政) 부활이 가결되었다. 1852년 12월 2일, 루이나폴레옹은 제정 나폴레옹 3세가 되었다,

3. 제2제정

자유와 평등

당시 루이나폴레옹은 '별 볼일 없는 인물'이라고 누구나 무시했던 만큼 2월혁명이 이 같은 결과를 가져온 것은 많은 사람들에게는 너무나도 의외의 일이었다. 그 성과를 편취당한 공화파는 구 명망가들이 선동가 루이나폴레옹을 정부 반대의 도구로 이용하고 '무지한 대중'이 지리멸렬한 '나폴레옹 이념'에 속았기 때문이라고 생각했다. 그러나 제2제정은 단순한 촌극으로 치부해서는 안 되며 하나의 정치 문화로 검토할 필요가 있다.

문제는 근대국가에서 자유와 데모크라시의 관계이다. 입헌 왕정의 자유파는 자유와 평등의 두 원리가 기본적으로는 양립할 수 없다고 생각했기 때문에 제한선거제를 고집하였다. 그러나 그것이 과두적이었기 때문에 2월혁명의 공화파는 (남자)보통선거제를 공통 슬로건으로 내세웠다. 공화파는 데모크라시가 정치문제를 해결할 것으로 생각했던 것이다.

그러나 데모크라시는 해결로 이어지지는 못했다. 루이나폴레옹의 쿠데타도 보수적인 의회에 대해 보통선거의 부활을 대의명분으로 내세웠다는 점에서 데모크라시 측에 서 있다. 또 제2제정의 정치체제는 입법원이 남자 보통선거로 선출하고, 황제는 인민 투표에 의해 국민에 대해서만 책임을 진다는 점에서 국민주권의 원리에 충실하다. 이는 명망가 지배의 질서파를 인민으로부터 고립시키는 효과가 있었다.

그러나 입법원의 권한은 제한되어 있었다. 입법원 선거에서는 황제의 관료인 지사가 추천하는 관선 후보자 제도가 있어 정부 반대파의 당선은 매우 어려웠다. 내각은 황제가 임명하고 황제에 대해서만 책임을 진다. 요컨대 데모크라시는 권위주의와 결합하여 자유를 침해하는 전제가 되었다. 또한 왕정파나 공화파의 기존 명망가가 모두 정계로부터 퇴출된 것이 아니어서 사회혁명을 두려워한 그들은 국가의 뼈대인 제국 관료로 전향하였다.

이러한 점을 예리하게 지적한 인물이 자유파이자 공화정 정부의 외상을 역임한 동시대인인 토크빌(1805~59)이다. 그는 루이나폴레옹의 쿠데타에 저항하여 데모크라시가 자유를 위협한다는 것은 지적하면서도, 기조와 달리 데모크라시가 불가피한 역사적 추세임을 냉정하게 인식하고 근대국가의 문제점을 고찰하였다.

역사적으로 보면 보통선거제는 유럽에서는 프랑스에서 가장 먼저 1848년에 실시되어 이후의 모든 프랑스 정치체제에서 답습되었다. 우선 제2제정은 정치적 데모크라시가 출현하자 그 사태에 직면한 명망가가 긴급피난으로 도망친 명망가 국가의 아류이기도 하다. 이미 암묵의 합의를 도출할 힘을 잃은 명망가는 황제의 권위 아래 영향력을 유지하려 하였고, 명망가 지배를 자력으로 벗어날 힘이 없는 민중은 황제의 권위로 그 지배에서 벗어날 것을 기대하였다.

이처럼 보나파르트 체제는 모순된 지지, 그 지지 또한 불확실한 균형 위에 서 있는 상태여서 체제의 존속은 경제생활과 국제 관계에 크게 달려 있는 상황이었다.

경제 번영과 파리 개조

19세기 전반에는 침체 국면이었던 유럽 경제는 제3, 4 반기에는 대약진의 시기를 맞이하여 영국에 뒤처져 완만한 행보를 이어가던 프랑스의 산업화도 제2제정하에 급속도록 진행되었다. 이 나라에서는 자유주의 경제사상도 있었지만 그와 더불어 복고 왕정 시기의 선구적 사상가 생시몽(1760~1825)의 산업주의 이론이 영향력을 갖고 있었다. 그것은 사회문제의 해결을 '사람에 의한 사람의 지배'와 관련된 정치 변혁이 아닌, '물건과 물건의 관계'와 관련된 사회적 재조직화에서 구하는 사회이론이다. 자신도 그 영향을 받은 루이나폴레옹은 은행가 페레르 형제나 미셸 슈발리에 등 생시몽주의자들을 관료로 기용하여 국가 지도의 산업화 정책을 추진하였다.

주 사업은 구 명망가적인 오트 방크를 대신하여 크레디 모빌리에 소시에테제네랄 같은 거대한 투자은행을 설립하여 그 출자로 철도망의 대폭 확장, 도시 개조를 포함한 대규모 공공사업 등을 시행했다. 철도망은 제2제정하 20년 안에 약 5배까지 확대되었고 이와 관련된 제철업, 석탄업, 기계공업도 급속도로 발전하였다. 또 철도망이 만들어낸 전국 시장에 자극받아 산업혁명이 일어났다.

공공사업의 하나로 파리의 도시 개조가 유명하다. 1853년 파리 지사가 된 오스만 남작은 황제의 신임 아래 여론의 반대를 무릅쓰고 병적일 정도로 열정을 쏟아 파리의 대개조를 단행하였다. 낡은 집은 가차 없이 부수고 그 위에 직선의 큰 도로, 고층 건물, 멋들어진 공원이 만들어졌고 시의 동서로 뱅센, 불로뉴의 광대한 녹지가 정비되었다.

파리 개조의 목적은 하나가 아니다. 제국의 수도에 걸맞은 장대한 도시 만들기에 대한 황제의 열망, 큰 사회 문제였던 콜레라 등 전염병의 만연을 막기 위한 위생화, 교통로의 정비, 실업 대책 등이 있지만 그와 더불어 치안 대책도 포함되어 있었다. 쉽게 바리케이드를 치고 도시 소요의 온상이 되는 전통적인 민중 지역의 풍경을 일소하려 했던 셈이다. 확실히 그 목적은 어느 정도 성과를 거두어 시가전 형태의 도시 소요는 이후 급감하였다. 그러나 이 때문에 노동자들은 집세가 오른 파리 중앙부에 살 수 없어 교외로 이주하는 수밖에 없었다. 그 후 파리를 둘러싼 교외 지역이 좌익 세력의 선거 기반이 되는 '붉은 지대'가 된 것은 그 때문이다.

오늘날 파리의 경관은 오스만의 도시 개조에 힘입은 바 크지만 그것만이 다는 아니다. 1889년의 에펠탑 건설에서 현대의 센 강변 자동차 도로나 서부 지구 개발 등 파리의 개조는 계속되었고 그때마다 찬반양론이 격하게 부상되었다.

국제 관계와 제국의 와해

빈체제 붕괴 후 유럽은 군사적 수단에 호소하는 내셔널리즘의 교착으로 전쟁의 시기를 맞이하였다. 국제정치의 중심적 존재는 나폴레옹 1세의 추억과 연결되어 체제 유지에 국제적 위신이 결정적으로 중요한 의미를 지녔던 나폴레옹 3세이다. 그 때문에 그는 적극적인 대외 정책을 펼쳐 북아프리카, 동아시아 식민지 정책에서는 대체적으로 성공을 거두었다.

그러나 유럽 안에서는 일관성 없는 대외 정책을 펼쳤다. 크림전쟁의 개입(1854~56)은 성공했으나 다음의 이탈리아 통일 전쟁(1859~60)에서는 어정쩡한 태도로 일관하여 이탈리아인뿐 아니라 국내의 공화파와 가톨릭을 반대파로 돌리는 결과를 초래하였다. 게다가 그 이탈리아 정책에 불안을 느낀 영국을 회유하기 위해 1860년에 갑자기 체결한 영·프 통상조약이 자유무역에 반대하는 산업계의 지지를 잃게 만들었다. 이처럼 국내의 지지 기반이 변화하는 가운데 아메리카 대륙으로의 세력 확대를 꾀했던 멕시코 출병(1862~67)이 실패하여 정부의 위신은 크게 실추되었다.

이러한 대처 때문에 1860년경부터 방향 전환이 시작되었다. 그 하나는 의회의 권한 강화인데, 이와 더불어 현실적인 정치 감각을 가진 신세대 공화파가 부활하였다. 또 하나는 노동자 정책의 대변화로 그때까지 금지되었던 단결권이 인정되었다. 이는 공화파와 노동자의 결합을 끊어내기 위한 회유책이었지만 프루동주의의 영향을 많이 받았던 노동자들은 영국의 노동조합과 연결하여 국제노동자회의(제1인터내셔널)를 개최하며 반정부 색채를 강화시켰다.

이러한 변화는 '권위 제정'으로부터 '자유 제정'으로의 전환으로 평가된다. 나폴레옹 3세는 1870년 1월의 헌법 개정으로 한층 의회주의로 기울었고 5월의 인민 투표를 얻어 성공하는 듯 보였다. 전부터 독일 통일을 위해 프랑스와의 전쟁을 바라고 있던 프로이센의 재상 비스마르크의 도발에 응수하여 프랑스는 1870년 7월 19일 프로이센에 선전포고하였다. 군부가 약체임을 알고 있던 황제는 신중하였으나 권위 제정으로의 복귀를 꿈꾸는 황후 외제니와 측근들은 호전적이었다고 알려졌다.

곧 노도와 같이 침입해온 독일군을 앞에 두고 나폴레옹 3세는 병든 몸을 채찍질하며 전선으로 향했으나 스당 전투에서 패하여 9월 2일 10만 병사와 함께 항복하고 포

로가 되었다. 이 패전에 성난 파리 시민들이 9월 4일 의
회로 쳐들어가 공화정을 선언하였다.

제 8 강
공화주의에 의한
국민 통합

공화국의 상징 마리안느의 풍자화. 그로 그림(1794). 오른손
에 프리기아 모자(자유의 상징), 왼손은 수평기(평등의 상징) 위에
얹고 있다.

1870	보불전쟁(~71). 공화정 선언, 국방정부 성립
1871	1. 독일과 휴전조약. 2. 국민의회 선거. 3. 파리 민중 봉기. '파리코뮌' 선언. 5. 정부, 독일과 프랑크푸르트 강화조약 체결. 파리코뮌 괴멸
	대통령 티에르 사임, 후임에 마크마옹
1873	발롱 수정안 가결, 공화정 승인, '1875년헌법'
1877	마크마옹, 대의원 해산. 선거에서 공화파 승리
1879	마크마옹 사임
1881	출판, 집회, 교육에 관한 법 공포(~82)
1884	청불전쟁(~85)
1886	불랑제 사건(~89)
1887	프랑스령 인도차이나 연방 성립
1889	파리만국박람회 개최
1894	노불동맹/드레퓌스, 유죄판결
1895	CGT결성
1898	졸라, 『나는 규탄한다』
1899	드레퓌스 특사
1901	결사법 성립. 급진·급진사회당 결성
1904	영불협상
1905	통일사회당 결성, 정교분리법 성립
1914	6/28. 사라예보사건. 7/23, 오스트리아, 세르비아에 최후통첩. 7/25, 세르비아, 러시아에 원조요청. 7/30, 러시아 동원령. 7/31. 독일 동원령. 8/1. 독일, 러시아에 선전포고 8/1. 프랑스 동원령. 8/3. 독일, 프랑스에 선전포고. 벨기에로 침입. 8/3. 프랑스, 독일에 선전포고. 8/4. 영국, 독일에 선전포고

벨 에포크

19세기부터 20세기로의 전환기의 프랑스, 특히 1890년대부터 1914년까지의 시기는 '벨 에포크'(좋은 시대)로 불린다. 이는 제1차 대전 후의 황폐한 시기에, 전쟁 전의 시대를 그리워하며 생겨난 말로 풍요로운 생활, 평온한 사회, 무르익었던 문화를 가진 행복한 시대를 연상시켰다.

현실적으로는 무조건 행복한 시대는 아니었지만 이 같은 이미지를 만든 무언가가 이 시기에 있었던 것은 확실하다. 이 시기는 유럽 지역세계에 국민국가 시스템이 확립되었고, 대부분의 나라가 국외에 식민지를 확대하여 세계적으로도 이 지역이 경제적, 군사적, 문화적 절정기를 맞이했던 '제국주의'의 시대였다.

프랑스는 보불전쟁의 치욕스런 패배와 함께 이 시대로 접어들었고 이때 성립된 제3공화정은 프랑스혁명 이래의 정치체제 중 65년이라는 최장 기간 계속된 정체였다. 왜 혼란 속에서 출발한 제3공화정이 이처럼 국민 통합에 성공했던 것일까.

1. 제3공화정의 성립

파리코뮌

제2제정의 갑작스런 붕괴가 제3공화정의 탄생으로 직결된 것은 아니다. 권력의 공백 속에서 임시 '국방 정부'가 공화파에 의해 즉석에서 만들어져 전쟁의 계속을 확인하였으나, 9월부터 독일군의 파리 포위가 시작되자 온건 공화파를 주류로 하는 정부는 1871년 1월 28일 독일과 휴전하였다. 이어 다음 달에 국민의회 선거가 실시되어 화평을 바라는 지방 보수파가 압도적으로 승리하였다. 보르도에서 열린 국민의회에서 '행정장관'으로 선출된 노련한 정치가 티에르는 막대한 배상금과 알자스, 로렌의 대부분을 할양한다는 굴욕적인 내용이 담긴 가조약에 조인하였다. 3월 1일에 가조약은 의회의 비준을 받았다.

이러한 정세 속에서 '파리코뮌'이 발생하였다. 독일군의 포위 속에서 민병('국민위병')을 편성하여 쥐까지 잡아먹으며 철저 항전 태도를 보이고 있던 파리 민중은 굴욕적 화평을 납득할 수 없어 무장을 풀지 않았다. 3월 18일 이른 아침, 대포를 철거하려는 기습 작전이 민중의 저항으로 실패하자 정부는 파리를 버리고 군대와 함께 베르사유로 도망쳤다. 파리에는 자치기관, 즉 '코뮌'의 선거가 유권자의 약 반수가 참가하여 치러져 3월 28일 '파리코뮌'이 선언되었다. 이후 파리코뮌은 5월 21일 정부군이 시내로 쳐들어올 때까지 지속되어 일주일간의 장렬한 시가전 끝에 괴멸되었다. '피의 주간' 중에 학살된 시민 수는 1만 5천에서 2만 5천 명 정도라고 하며, 학살을 면한 약 4만 5천 명이 4년에 걸쳐 군사법원에서 재판을 받았다. 약 1만 명이 유죄판결을 받았고 사형 23명, 약 5천 명이 강제 노동과 유형에 처해졌다.

파리코뮌은 사상 최초의 '사회주의혁명'으로도 말해지나 러시아혁명 이후의 그것처럼 통제력 있는 사회주의 정치조직이 지도한 혁명은 아니다. 물론 64명의 코뮌(시의회) 멤버는 당시 말로 '사회주의자'로 불렸지만 자코뱅파, 블랑키파, 제1인터내셔널 등 여러 파의 활동가들의 집합이고 반수 이상은 저널리스트, 의사, 법률가 같은 소부르주아 지식인들이었다. 사회주의의 비전에 대해서도 자코뱅계의 정치주도주의와 프루동 계열의 노동자자주관리주의와의 내부 대립도 있었다.

한마디로 말해 파리코뮌은 마침 생긴 권력 공백 속에

서 분출한 파리 민중의 자연 발생적인 운동이었다. 참가자들은 초기적인 공장노동자는 적고 거주 지구 공동체로 결합된 독립 수공업자나 직인(職人)적 노동자가 많았다. 그것은 도시 개조를 포함한 사회의 근대화 과정에서 소외되고, 많은 희생을 치르더라도 자신이 생활권을 독일군으로부터 지키려고 결의했음에도 불구하고 굴욕적 화평 조약으로 정치가들에게 배신당했다고 느낀 민중의 저항이다. 그리고 그것을 구체화하려 한 것이 제2제정 말기에 대두한 지식인 활동가들이었다. 그런 의미에서 그것은 프랑스혁명 이래의 전통적인 도시형 민중 반란과 근대적 공장노동자 운동이 겹치는 접점에 있다. 공무원 선거와 리콜제, 정치 경찰과 상비군의 폐지, 노동자에 의한 작업장의 자주관리 같은 코뮌 프로그램은 한때 해방감에 취한 민중의 바람을 집약한 것이었다. 그러나 실행할 시간도 없이 유토피아로 끝나고 말았다. 이 리버럴(절대적 자유주의) 정치 문화는 약 1세기 후의 '5월혁명'으로 소생하게 된다.

공화파의 승리

　이처럼 좌익을 가혹하게 탄압하여 압도적인 우익적 체제로 출발한 보불전쟁 후의 프랑스 정치가 공화정으로 귀착한 것은 어째서일까.

　그 제1단계가 되는 1875년의 헌법 성립은 왕당파의 분열에 원인이 있다. 코뮌 진압 후 티에르의 단호하지 못한 태도에 불만이었던 의회는 1873년에 그를 파면하고 부르봉 정통파인 마크마옹 원수를 대통령으로 선출하여 왕정 부활을 실현하고자 하였다. 그러나 전통적인 왕정복고를 주장하는 완고한 부르봉가의 샹보르 백과 입헌 왕정을 양보하지 않는 오를레앙가의 파리 백과의 조정이 이어지지 않은 채, 겨우 재기한 공화파가 법안 채결에서 오를레앙파와 공동보조를 취하는 교묘한 전술로 전환하였기 때문에 1875년 1월 30일 국가 원수 선출에 관한 발롱 수정안이 353대 352, 단 1표 차로 가결되었다. 이 법에는 '공화국 대통령'이라는 용어가 사용되고 있다. 공권력에 관한 2월 7일의 법을 합친 3법이 제3공화정을 성립케 한 '1875년 헌법'으로 불리게 된 것이다.

　그런데 이는 공화파의 완전한 승리는 아니었다. 이 헌법에서는 대의원은 남자 보통선거로 선출되어 원로원과 함께 법안의 발의권을 가지나 양원에서 뽑힌 임기 7년의 대통령이 양원의 해산권이라는 강한 권한을 갖고 있다. 그 때문에 왕당파는 이 체제를 언젠가 왕정을 부활시킬 때까지의 시간을 버는 것으로 인식하였다. 사실 1877년 5월 16일에 마크마옹 대통령은 온건 공화파의 쥘 시몽(1814~96) 내각을 파면하고 이에 반발하는 대의원을 해산하였다. 제3공화정의 첫 번째 위기였다. 그러나 선거 결과 공화파는 과반수를 유지하여 1879년 마크마옹은 사임하였다. 이를 대신하여 온건 공화파의 거물 쥘 그레비(1807~91)가 대통령이 되어 의회주의 원칙, 즉 대의원의 다수파가 정치의 결정권을 갖고 대통령은 명예적 존재에 그칠 것을 확인하였다.

'오보르튀니스트'의 공화국

'5월 16일의 위기'를 넘어선 공화파에는 두 개의 조류가 있었다. 하나는 '정부의 공화파'로 불리는 다수파인 온건 공화파로 의회 내의 다른 파, 특히 오를레앙파와 타협하며 개별 문제마다 점진적으로 정책을 실현하려고 하였다. 또 하나는 원로원의 폐지, 지방분권, 누진과세, 국가와 교회의 분리와 같은 공화주의 이념을 단호하게 실현하려는 클레망소(1841~1929) 등 소수 '급진파'(라디코)로 이들은 다수파를 '오보르튜니스트'(기회주의자)라고 야유하였다.

1880~90년대에 공화파의 주류는 쥘 페리(1832~93)로 대표되는 '오보르튜니스트'들로 출판·집회·결사의 자유, 이혼의 합법화, 초등교육의 무상·의무·세속화 등이 실현되었다. 특히 교육정책은 교육을 통해 습속이나 가치 시스템을 관리하는 권력을 가톨릭교회의 손에서 국가가 빼앗아오는 것으로 시민들에게 근대 생활에 필요한 지식과 기술을 습득시켜 사회적 상승의 기회를 증대시키고 동시에 애국적인 '국민'을 만들어내려는 목적을 갖고 있었다. 이 때문에 초등학교 교실에서 십자가가 내려지고 마을 광장에는 프랑스 공화국을 상징하는 '마리안느' 여성상이 세워졌다. 이 시기 '라마르세예즈'가 제1제정 이래 다시 국가(國歌)로 부활(1879)되고 또 바스티유를 공략한 '7월 14일'이 국경일로 제정된(1880) 것도 같은 의미를 갖고 있다.

이 정책은 당연히 왕당파나 교회와 마찰을 일으켰으나

1890년대에는 로마교황도 공화파와 거리를 좁혀 '오보르튜니스트'의 공화국은 그 보수성 때문에 오히려 안정되어 실적을 올렸다. 그러나 이 어정쩡한 상태가 오래 계속될 수는 없었다.

불랑제 사건과 드레퓌스사건

이 시기에 두 번의 큰 정치 위기가 닥쳤다. 먼저 불랑제 사건을 보면 1886년에 육군 대신으로 취임한 불랑제 장군(1837~91)은 군부 고관으로는 드물게 평민 출신의 공화파 군인으로 노동자들의 스트라이크에 대한 동정적 발언이나 독일에 대한 강경 발언 때문에 대중적 인기가 높았다. 이를 위험시한 정부가 다음 해 그를 파면하자 불랑제는 헌법 개정의 슬로건을 걸고 왕당파, 보나파르트파, 급진파 등의 반정부세력과 규합하여 보궐선거 때마다 입후보하여 당선되면서 이전의 루이나폴레옹 등장 당시와 비슷한 상황이 되어갔다.

그러나 드디어 1889년 1월에 쿠데타의 기운이 고조되었을 때 불랑제는 연인 보네맹 부인의 영향도 있었는지 쿠데타를 단념하였다. 불랑제 인기는 급속도로 떨어졌고 체포를 두려워하여 4월에 브뤼셀로 망명한 장군은 2년 후 병사한 연인의 묘지에서 피스톨 자살로 생을 마감하였다. 불랑제 사건은 이렇게 싱겁게 끝났지만 이로써 미온적인 오보르튜니스트 공화주의의 취약성이 노출되었다.

불랑제 사건 이후 오보르튜니스트가 구 오를레앙파와 손잡는 중앙·우파정치의 시대가 되었고 이에 두 번째 위기인 '드레퓌스사건'이 일어났다.

사건의 발단은 육군성 안의 스파이 사건이었다. 유대인인 참모 대위 드레퓌스가 독일로 군사기밀을 넘긴 혐의로 군법회의에서 유죄를 받고 1894년에 남미의 식민지 기아나로 유형 처분을 받았다. 육군성 안에서 재판에 의문을 품는 움직임이 일어나자 군의 위신이 실추될 것을 우려한 상층부가 이를 압살하였다. 그러나 1898년 1월 13일의 급진파 계열 신문인 로로르에 작가 에밀 졸라가 "나는 규탄한다"라는 제목의 기사를 게재하여 정부와 군부를 비난하면서 급속도로 '사건'화되었다.

여론은 들끓고 계속해서 새로운 사실이 밝혀져 드레퓌스의 원죄는 명백해졌음에도 불구하고 정부, 군부는 재심을 계속 거부하였다. 드디어 1899년에 급진파나 사회주의자를 포함한 좌익 연합을 기반으로 하는 발데크루소 내각이 탄생하여 재심의 군법회의가 열렸으나 여전히 군법회의는 감형만 했을 뿐 유죄판결을 거두지 않았다. 그해 9월에 수상의 노력으로 대통령 은사를 받았지만 군법회의 판결은 1906년의 소송원에서 겨우 파기되었다.

드레퓌스사건은 내셔널리즘·군국주의·반유대주의를 주창하는 우익의 '반드레퓌스파'에 대해 평화주의·반군국주의·인권 존중을 호소하는 좌익의 '드레퓌스파'가 승리했다는, 단순한 이데올로기상의 문제뿐 아니라 제3공화정, 나아가 근대 프랑스 사회의 정치에서 큰 전환점이 되었다.

드레퓌스사건의 승리 후 공화주의의 주체가 오보르튜니스트에서 급진파로 옮겨가 1901년에 그때까지 이합집산을 계속했던 여러 공화파가 단결하여 '급진·급진사회당'(이하 '급진사회당'으로 줄임)을 결성하였다. 이는 프랑스 최초의 근대 정당이고 이후 제3공화정에서는 중앙·좌파정당 중 가장 중요한 존재가 되었다. 드레퓌스사건의 경험에서 공화주의의 최대 위협은 가톨릭교회라고 인식한 급진사회당은 좌익의 지지를 얻어 가톨릭에 대한 가차 없는 투쟁을 속행하여 1904년 교육에서 수도회의 영향력을 모두 배제시키고 1905년에는 드디어 국가와 종교를 완전히 분리하는 '정교분리법'을 제정하였다. 이는 종교를 부정하는 것이 아니라 국가와 시민생활의 공적인 일에 교회의 감독행위의 개입을 배제하는 법률이다. 이 때문에 바티칸과 외교 관계가 단절되어 1924년이 되어서야 관계를 수복할 수 있었다.

2. 급진주의의 시대

공화주의에 의한 국민 통합

앞서 드레퓌스사건이 전환점이라고 말하였는데 그것을 이를 계기로 공화파에 의한 국민 통합이 달성되었다는 의미이다. 세계사적으로 보면 이 사건은 매우 흥미롭다. 왜냐 하면 유럽에서 국민국가의 국가 간 시스템이 성립하는 것은 세계 체제의 제2단계로의 전환이 거의 완료되어 산업사회가 확립되는 19세기 후반으로, 거기에는 각 나라의 개성이라 할 수 있는 것들이 나타나기 때문이다. 예를 들면 영국의 빅토리아시대의 자유주의, 프로이센의 비스마르크 시대의 권위주의, 프랑스에서는 공화주의가 그에 해당된다(지역세계는 다르지만 19세기 후반의 일본의 '근대 천황제'도 이에 해당된다).

그리고 그 개성은 지배적인 정치 문화를 뜻한다. 프랑스혁명의 경험으로부터 정치 문화의 여러 모델이 생겨나 19세기에 그것들이 경합하며 정치적 불안정이 이어졌지만, 드디어 공화주의의 정치 문화가 헤게모니를 수립하면서 비로소 프랑스의 국민 통합이 달성되고 국민국가가 확립되었던 것이다.

그렇다면 이 시기에 그것이 어떻게 가능했을까. 또 프랑스를 특징짓는 개성으로서의 공화주의 정치 문화는 어떠한 것인가. 거기에는 사회적 조건, 통합 이념과 주체, 정치 구조의 세 요인이 서로 관련되어 있다.

산업사회의 확립—신 중간층

제1요인으로는 산업화에 따른 사회층의 변용을 들 수 있다. 19세기 후반의 유럽 경제는 1873년 이후의 불황기 이후, 90년대 중반 무렵부터 1929년 세계공황까지 이어진 장기의 호황기로 접어들었다. 그 원인으로는 유럽의 선진 공업국들에서의 산업화의 진전 외에도 미국과 일본 등 비유럽 지역의 진입에 의한 세계경제의 확대가 있다. 이미 제2제정하에서 산업화가 가속화되었던 프랑스도 드디어 산업사회로 진입하였다. 파리의 르 봉 마르셰(1852년 창립)를 비롯한 백화점의 보급은 정가가 붙은 상품 진열이라는 새로운 상법으로 소비수준을 높였고 1889년의 파리만국박람회 때 세워진 에펠탑은 철공업시대의 도래를 상징적으로 보여주었다.

산업화의 이같은 사회적 결과에 대해서는 중간층이 부르주아와 프롤레타리아로 나뉘어 소멸한다는 계급 분해론이 있다. 그것은 어느 정도 진실이고 그래서 더더욱 19세기에 다양한 사회주의사상이 등장하였지만 그와 동시에 중간층은 간단히 소멸되지 않고 오히려 증가하는 경향조차 보인다. 중간층의 대표인 농민은 장기적으로 보면 탈농민화하여 도시 노동력이 되지만 단기적으로는 보호관세의 보호를 받으며 사회적 안정의 유지 요인이 되어 1911년에는 여전히 인구의 56%를 점하고 있었다. 도시 수공업자도 기술혁명으로 독립을 위협받아 공장노동자로 전락하지만 산업화는 또한 일부의 숙련 기술자를 반독립적인 공장 숙련공으로 존속시키는 구조를 갖고 있었다. 게다가 산업화로 제3섹터가 발달하여 다양한 직업으로 구성된 '신 중간층'이 증대하였다. 그 상층은 매니저, 상급 관리직, 자유직업자들로서 엘리트층이 진입하여 벨 에포크를 가장 잘 향유하는 사회집단이 되었고, 그 밑에도 다양한 중하층의 신 중간층이 대량으로 생겨났다. 그들은 수입은 적어도 비육체노동자(화이트칼라)이고 구 중간층과는 다른 생활 스타일과 심성을 갖고 있었다.

요컨대 산업화는 확실히 한편으로는 구 중간층을 감소시킴과 동시에 다른 한편으로는 새로운 신 중간층을 만들어내는 양면성을 갖고 있고, 그 결과 신·구 다양한 타입의 비균질적인 광범위한 중간층이 생겨났다. 그들은 대기업과의 경쟁을 위협받은 약한 입장을 자각하지만, 그 대응책으로서 혁명으로 사회주의사회를 실현하거나 개인의 노력으로 사회적 상승을 이루는 두 가지 선택지를 갖고 있었다. 전자의 길은 사회주의 조직이 아직 약하여 위험이 너무 크다. 후자의 길은 위험은 없지만 개인의 노력만으로는 힘들어 국가의 지원을 필요로 한다. 이 후자의 길에 비전을 보여주는 것이 새로운 공화주의이고 그런 의미에서 그 등장은 시의적절하였다.

공화주의

공화주의의 이념적 원천은 프랑스혁명기의 인권선언에 있고, 자유와 평등이라는 두 자연권이 그 핵심이다. 그 때문에 1848년의 공화파는 보통선거에 기초한 대표제 의회주의라는 리버럴 데모크라시의 정치체제를 채택하였다. 그러나 그 결과는 전혀 예상치 못한 것이었기 때문에 환멸을 느낀 공화파는 방향을 잃고 왕정파 혹은 사회주의자로 흡수되었다.

그러나 1860년대 이후의 공화파는 1840년대의 낭만주의자와 달리 과학이나 진보에 대한 신뢰를 갖는 실증주의 철학(포지티비즘)의 세대여서 산업화에 따른 사회적 변화를 염두에 두고 중간층에 착목(着目)하였다. 공화파 신세대의 이념적 추진자였던 강베타(1838~82)는 산업화의 사회적 결과는 '새로운 사회 제 계층'의 성립으로 이해한다. 그것은 특권층과 빈곤층 사이에 있는 계층이지만, 생시몽주의의 계보를 잇는 강베타는 대기업의 부르주아로부터 노동자, 농민까지를 포함하는 '근로자'로 규정하고, 이를 소유로 개인의 독립과 존엄이 보증되어야 할 사회의 기본 구성원으로 간주한다. 그 때문에 국가의 역할은 인권을 존중하고, 특히 사회주의처럼 소유를 부정하는 것이 아니라 만인이 소유로 접근할 수 있는 기회의 평등을 보증하는 것이다. 따라서 그것을 방해하는 전통적 권력자나 교회의 영향력을 배제하며 정치적 권리의 평등, 개인의 능력을 펼치는 교육의 평등을 가장 중요한 정책이라 주장하였다.

이는 1789년의 시에예스를 상기시킨다. 그는 특권 신분과 구별되는 '제3신분' 개념의 구축으로 여러 계급으로 분열된 사람들을 반(反)사단 체제로 통합하는 방향 설정에 성공하였다. 그와 같이 강베타도 역시 '근로적'인 신사회계층 개념의 설정으로, 왕과 교회를 후견으로 두는 명망가 지배에 대해 전환기의 국민 통합의 방향 제시에 성공했던 것이다.

그에게 공화주의는 왕인가 대통령인가 하는 정체의 문제가 아닌 철학의 문제이고, '공화국'이란 자유와 평등을 총합하는 가치 기준으로서의 모델이었다. 이 공화국 모델 형성에 결정적 역할을 한 것이 국가·관료·군대에 대해 개인 인권의 획득 운동이었던 드레퓌스사건이고, 이를 통해 급진파가 공화주의의 주류가 될 수 있었다.

'급진주의'

드레퓌스사건은 정치 스타일에 큰 변화를 불러일으켰다. '드레퓌스파'로서 각지에서 출판 활동이나 가두데모에 나섰던 이들은 지방 도시, 농촌의 로컬 시민단체로 주로 교사, 의사, 법률가, 직인, 소매업자 등 소부르주아로 구성되어 있었다. 이는 18세기 이래의 시민적 공공권의 전통을 계승하는 자발적 조직으로, 19세기 말의 출판의 발달이나 식자율(識字率)의 향상을 바탕으로 '공론'의 세계가 제한된 엘리트에서 벗어나 범위가 넓어졌음을 보여준다. 그리고 1901년의 결사법(結社法)으로 정당 설립이 가능해지자 그때까지 의원들의 소그룹으로 구성되어 있던 급진파는 서둘러 같은 해 6월에 '급진·급진사회당'을 결성하였다. 이렇게 조직적인 당 활동으로 무명의 신인을 정치 세계로 올려보내는 것을 가능하게 하여 중간층의 요망에 부응하였던 것이다. 정치 스타일의 이 같은 구조적 변화는 '재산과 견식(見識)'을 기반으로, '얼굴'과 '영향력'으로 성립되는 명망가 정치를 대신하여 조직과 프로파간다에 기대는 대중정치시대가 도래했음을 알려주는 것이다.

대중정치시대의 도래는 프랑스뿐 아니라 세기말의 유럽 선진국에 공통으로 보이지만, 급진주의를 지배적 정치 문화로 이행시킨 것이 프랑스 정치의 독자적 성격을 부여하고 있다. 급진주의는 명망가 체제의 의회주의를 계승한다는 점에서 리버럴이고 개인의 인권 존중의 점에서 민주적이지만, 개인주의적 경향이 강하여 사회주의의 '계급' 개념을 배척하였다. 그 때문에 의원 활동에 대한 당의 구속력이 약하여 각 의원들은 지역의 이해, 개인 신조, 인맥에 좌우되어 조직 정당으로서의 구심력을 잃게 되었다. 또한 이 때문에 급진당 내각은 항상 다수파 공작의 필요를 느껴 1870년부터 1914년까지 45년간 60번의 내각이 출현하고 있다. 그러나 이러한 정국의 불안정에도 불구하고 정치체제가 안정되었던 것은 공화주의에 대한 합의가 생겨나 있었기 때문이었다.

좌우로부터의 도전

급진사회당은 좌·우익의 도전에 직면하게 되었다. 파리코뮌의 타격으로부터 겨우 회복하고 난 뒤에도 소집단으로 분열해 있던 사회주의자들은 독립사회주의자 장 조레스(1859~1914)의 노력으로 1909년에 합동하여 통일'사회당'을 결성하였다. 그들은 급진사회당에 대해 정교분리 문제를 해결한 지금 사회문제에 진심으로 마주하라고 비난하였다. 사회당은 독일사회민주당을 중심으로 1889년에 결성된 제2인터내셔널에 가맹하였고 (사회당의 정식 명칭은 '노동자인터내셔널 프랑스지부' SFIO), 당원 수는 급속도로 증가했지만 내부에서는 이데올로기의 불일치가 강하였다. 프랑스 사회주의자들의 특징은, 예를 들면 독일사회민주당처럼 '제국주의'의 이론적 문제 혹은 영국노동당처럼 구체적인 사회 개혁 문제보다는 국가, 국유화, 국제연대의 문제에 관심을 보이는 점이다.

한편 노동자들 사이에는 프루동주의의 영향으로 아나키즘적 사고가 강하고 의회주의 정당으로 기운 사회당에 불만을 품은 노동자들은 1895년에 '노동총동맹'(CGT)을 결성하였다. 총동맹은 1906년의 아미앵 대회에서 '아미앵 헌법'을 채택하여, 노동자의 해방은 국가에 기대지 않고 스트라이크 같은 직접행동을 수단으로 노동자 자신들에 의해 실현한다는 '혁명적 생디칼리슴'의 길을 선택하였다. 이는 사회주의정당의 지도를 받는 독일노동조합과도, 사회주의정당에서 독립하면서도 개량주의를 취하는 영국노동조합과도 다른 독자적 노선이었다.

거의 동시에 우익 쪽에도 신세대가 등장하였다. 그 대표적인 것이 샤를 모라스를 이론적 지도자로 1898년에 창설된 '악시옹 프랑세즈'로, 구 우익의 왕정주의에 내셔널리즘을 접목시킨 것이었다. 그들에 의하면 프랑스혁명이 분자화된 개인이나 계급을 만들어내 조국을 망쳤다며 자유주의, 사회주의 쌍방을 배격하고 내셔널리즘·인종주의·반의회주의를 슬로건으로 내걸었다. 지식인 찬동자를 다수 획득하였고 도시 소부르주아를 지지 기반으로 폭력적 행동력을 갖추고 있었다. 전쟁 문제는 이 같은 정치 세력의 구도 속에서 부상하였다.

3. 전쟁으로의 길

제국주의

프랑스의 해외 식민지는 19세기 전반까지는 영국과 스페인에 비해 적었다. 앙시앵레짐부터 이어받은 서인도 제도나 약간의 무역 거점 외에, 1830년부터 정복하기 시작했던 알제리가 있지만 일관된 식민지 전략은 갖고 있지 않았다. 제2제정이 되면 중동이나 아시아에서 국위를 건 해외 진출이 시작되었지만 아직 해외 식민지에 대한 여론은 적극적이지 않았다. 정치가, 관료, 저널리스트 들로 구성된 식민지 추진 로비 그룹이 적극적으로 선전 활동을 전개하기 시작한 것은 제3공화정하의 1880년대부터이다. 이 시기에 광대한 아프리카의 식민지를 획득하였고, 동남아시아에서도 청불전쟁(1884~85)을 거쳐 1887년에 프랑스령 인도차이나가 탄생하였다.

'제국주의' 출현의 경제적 요인으로서는, 프랑스에서는 영국과 달리 제품 수출보다도 자본 수출이 중심이라 하지만, 그 수출 지역은 전 식민지를 포함해서도 러시아 한 나라에 한 것보다도 적다. 그 반면 국내의 사회적 모순을 국외로의 팽창주의로 돌리는 사회 제국주의는, 보불전쟁의 패배로 상처받은 자존심을 달래주거나 외채 보유나 이민으로 소부르주아에게 사회적 상승 기회를 약속하는 등 프랑스에서는 중요한 요인이 되었다. 또한 식민지화에 대해, 무지하고 야만적인 현지인을 '문명화'한다는 숭고한 사명이라는 독선적인 문화적 요인은 해외 선교사의 전통이 길고 프랑스혁명의 인류 해방 이념을 계승하는 프랑스에서 특히 강했다는 평가를 받고 있다. 소수의 사회주의자들이 가한 식민지 비판도 군대에 의한 야만적인 방법에 대한 것이지 그 '문명화' 측면을 부정하는 것은 아니었다.

그런데 프랑스의 팽창정책은 알자스로렌 문제로부터 프랑스 국민의 시선을 돌리는 것으로 비스마르크가 환영하는 부분이었지만, 비스마르크의 실각(1890) 후 독일 황제 빌헬름 2세가 적극적인 팽창정책으로 전환하면서 국제 관계가 긴박해졌다. 우선 발칸 문제를 둘러싼 독일과 오스트리아의 접근을 경계하는 러프동맹(노불동맹, 1894)에 이어, 독일의 해군 확장정책에 불안을 느낀 영국과의 영불협상(1904), 나아가 러일전쟁(1904~05)의 결과 러시아를 대신하여 중동에서의 독일의 위협이 높아졌다고 생각한 영국의 영러협상(1907)이 이루어졌다.

이렇게 비스마르크 체제는 완전히 붕괴되고 영·프·러 삼국이 독일과 오스트리아를 포위하는 배치가 되었다. 유럽 열강이 대항적인 두 블록으로 나뉘어 국제 관계에서 세계 전쟁의 조건이 익어갔다. 그 당시 국내적으로는 어떠하였는가.

개전과 '파트리요티슴'

전쟁은 국내 정치의 모순을 해결하는 하나의 수단이다. 당시 유럽에서 이 위험한 도박 같은 상황으로 몰리게 된 나라는 복잡한 민족문제를 안고 있는 오스트리아·헝가리제국과 혁명의 가능성이 높았던 러시아제국이었다. 프랑스는 영국과 함께 그런 상황에서 가장 벗어나 있었다. 그러나 그런 프랑스에서도 전쟁을 불사하는 강경한 외교 노선이 강화되고 있었다.

1905년의 정교분리를 달성한 것은 급진사회당, 사회당 같은 의회의 '좌익 블록'이지만, 그 실현으로 '좌익 블록'의 존재 이유가 사라지자 계급 대립이 전면으로 부상하였다. 급진파의 영수 클레망소가 1906년에 수상이 되어

'호랑이'라는 별명에도 불구하고 각지에서 빈발하는 스트라이크에 대한 유혈을 동반한 가혹한 탄압으로 1909년에 사임한 후로는 급진사회당은 무원칙적인 오보르튜니스트 정치로 돌아갔고 '좌익 블록'은 무력해졌다. 이어 대독 강경파로 알려진 로렌 출신의 온건 공화파 레몽 푸앵카레(1860~1934)가 의회 우파의 지지로 대통령에 선출되면서(1913) 정치의 주요 문제가 국방 문제로 옮겨갔다.

국방에 관한 프랑스의 여론은 우익, 좌익, 극좌익으로 나뉘어져 있었다. 이전엔 식민지주의가 알자스로렌에서 국민의 시선을 돌리는 것이라고 이에 반대했던 우익 내셔널리스트들은, 독일이 식민지 정책을 취하기 시작한 이후에는 식민지주의자가 되어 호전적이 되었다. 그 반대편에는 '조국'보다는 '계급'을 우선시하는 반전주의의 극좌파가 있었지만 그들은 사회주의 내부의 소수파에 지나지 않았다.

의회에서 무시할 수 없는 힘을 지닌 사회당이나 급진사회당 등 좌익은 반전 입장이었고, 특히 노동자나 사회주의자 사이에는 총파업을 해서라도 전쟁을 저지할 생각이 부상하였다. 1907년의 제2인터내셔널 슈투트가르트 대회에서 조레스는 총파업을 포함한 모든 수단을 써서 전쟁을 막겠다고 단언하였다. 그럼에도 불구하고 그들은 전쟁 저지의 구체적인 행동을 취하지 않았고 막상 개전이 되자 조국 방위의 거국일치내각에 참가하였다.

이러한 행동은 사회주의자들에게 전쟁이 반드시 일어날 것이라는 인식이 없었기 때문이기도 하지만 더 깊은 이유는 '파트리요티슴(조국애)' 관념에 있었다. 즉 제3공화정하의 프랑스 사회주의자들은 그들의 계급적 이념에 부응하기에 공화국의 현상은 아직 불충분하지만 이미 어느 정도 성과를 달성한 부분도 있으므로 이 '조국'은 비민주적인 독일제국의 공격으로부터 지킬 만하다고 생각하였다. 프랑스와 같은 태도를 취한 독일의 사회주의자들도 같은 논리로, 독일은 가장 야만적 전제국가인 러시아로부터 지킬 가치가 있는 '조국'이라고 생각했던 것이다.

오스트리아 황태자 부부가 세르비아의 내셔널리스트에게 암살당한 사라예보사건이 일어난 것은 1914년 6월 28일이었다. 한 달 후쯤인 7월 23일에 오스트리아가 세르비아에 최후통첩을 발하면서 개전의 톱니가 돌기 시작하였다(연표 참조). 프랑스의 참전은 8월 3일. 이때는 모든 관계국이 세계 전쟁을 예상하고 있지는 않았다. 개전의 톱니를 돌린 독일조차 영국의 참전을 예상치 못했다. 프

랑스에서는 중간계급이 바캉스를 즐기고 있었다. 전쟁
이 일어나자 사람들은 담담히 그것을 받아들였고, 모든
나라가 이 전쟁도 이전처럼 몇 달 안에 끝날 거라고 생각
했다.

제 **9** 강
위기의 시대

연합군의 노르망디 상륙 후 바이유 지역으로 들어서는 드골
장군(1944년 6월 18일)

1914	9. 마른전투
1916	2~12. 베르됭 전투
1917	4. 미국 참전. 11. 클레망소 내각 성립. 러시아, 10월혁명
1919	3. 제3인터내셔널(코민테른)성립. 6.베르사유조약
1920	12. 사회당 투르 대회
1923	1. 루르 점령
1925	12. 로카르노조약
1933	1. 히틀러, 독일 수상에 취임
1934	2. '2월 6일 사건. 8. 히틀러, 총통 취임
1936	6. 제1차 블룸 인민전선 내각 성립. 7. 스페인내란 발발
1937	6. 블룸 내각 총사직
1938	3. 제2차 블룸 인민전선 내각 성립. 4. 제3차 달라디에 내각 성립. 9. 뮌헨협정 체결. 11월 인민전선 해체
1939	3. 스페인내란 종료. 8. 독소불가침조약 체결. 9. 독일에 선전포고
1940	5. 독일, 프랑스 공격 개시. 6. 파리 함락. 드골 장군, 영국에서 항전 계속 호소. 페탱 내각, 휴전협정 체결. 7. 비시정부 성립. 페탱, 국가주석에 취임. 9. 일본군, 프랑스령 인도차이나 북부로 진주
1941	6. 독소전쟁 시작. 12. 태평양전쟁 시작
1942	11. 연합군, 북아프리카 상륙
1943	5. '레지스탕스국민회의' 결성. 9. 이탈리아 항복
1944	6. 연합군, 노르망디 상륙. 8. 파리 해방

세계 전쟁의 시대

두 번의 세계 전쟁을 포함한 20세기 전반은 유럽에서 보면 패권 시대의 결정적 종지부를 찍는 위기의 시대였다. 그 안에서 프랑스는 전 세기 말에 겨우 확립한 '공화정 모델'이 중대한 시련을 맞게 되었다.

1. 제1차 세계대전과 전후 20년대

전체전쟁

대부분의 프랑스 국민은 1914년 8월 1일의 총동원령을 담담히 받아들이며 전쟁을 지지하였다. 침략적인 독일로부터 알자스로렌을 탈환하는 전쟁 목적을 납득하고 정의가 자신들 편임을 의심치 않았다. 8월 4일 의회는 비비아니 수상에게 전쟁 수행을 위한 '신성한 연합', 즉 전권을 위임한 거국일치체제를 승인했고 사회당에서는 게드와 상바 2명이 새 내각에 입각하였다.

그러나 전쟁은 전혀 예상치 못한 방향으로 치달았다. 처음에 서부전선에서 프랑스를 물리치고 이어 동부전선에서 러시아를 칠 전략을 세운 독일은, 벨기에를 침략하여 한 번에 프랑스 북부로 쳐들어왔으나 9월의 마른전투에서 전진을 저지당한 이후 전선은 완전히 교착상태에 빠졌다.

독일군과 영·불군 쌍방은 피와 진흙과 이가 들끓는 참호 생활을 견디며 대치하는, 인명과 탄약의 소모전이 4년이나 이어졌다. 전쟁의 장기화로 계획 생산, 노동자의 징용, 생활 물자의 배급제 등 국가 통제형 전시경제로 바뀌었고 비전투원을 동원하는 새로운 '전체전'(全體戰)의 모습이 만들어졌다. 정치의 대중화 시대에 전쟁 또한 국민 총력전이 되었던 것이다.

1917년에 들어서자 염전(厭戰) 분위기가 확산되어 전선에서의 병사들의 출격 거부, 공장에서는 노동자의 스트라이크가 증가하였고, 사회당 내에서도 정부에 비판적인 중앙파가 점차 힘을 얻어 '신성 연합'(神聖聯合)은 붕괴하였다. 이러한 어려운 상황하에 76세로 다시 수상이 된 늙은 '호랑이' 클레망소는 의회에서 전쟁 관철의 결의를 단언하며 신임을 얻어 겨우 태세를 수습하였다.

상황은 좋지 않았다. 미합중국은 4월에 드디어 참전하였으나 아직 파견군이 모두 도착하지 못했고, 11월에 권력을 잡은 러시아의 볼셰비키 정권은 1918년 3월에 독일과 브레스트리토프스크조약을 맺고 전열에서 이탈해버렸다. 이 때문에 동부전선에서 군대를 이동시킨 독일군은 미군이 증강해오기 전인 1918년 봄부터 필사적인 대공세를 펼쳤으나 영·불군은 페탱 총사령관(1856~1951) 지휘하에 이를 잘 막아내고 반격에 성공하였다. 결국 독일이 휴전을 제안하여 11월 11일 파리 북쪽의 콩피에뉴 숲에서 휴전협정이 조인되었다.

베르사유조약

전쟁은 지금까지의 유럽의 전쟁사상 공전의 희생자를 냈다. 프랑스군의 사망 및 행불자는 어느 통계에 의하면 약 140만이고 독일은 약 180만 명, 영국은 약 90만 명이었다. 참고로 보불전쟁의 사망자는 쌍방 합쳐 대체로 15만 명이었다.

또 국민을 동원하는 전체전쟁의 경험은 일부의 국민들에게 제3공화정의 '공화국 모델', 즉 국가의 역할을 억제하는 리버럴 데모크라시의 유효성에 대해 의문을 품게

하였다. 그러나 막대한 인적·물적 피해를 내고 겨우 승리를 거머쥔 프랑스에서는 모든 점에서 전전(戰前)에 대한 회귀 희망이 지배적이었다. 이렇게 이전으로 돌아가려는 바람이 '벨 에포크' 관념을 만들어냈던 것이다.

강화조약에서 영국은 독일과의 경제적 관계를 고려하고 또 프랑스의 강대화를 경계하여 너무나 가혹한 강화조건은 제시하지 않으려 하였다. 또한 이상주의자인 미국 대통령 윌슨은 공정한 강화조건을 제안하여 국제연맹이 관리하는 새로운 국제 질서를 만들려 하였다. 그에 대해 프랑스는 구 국제 질서로의 복귀를 희망하며 국가 이해를 노골적으로 표출한 상태로 전후 처리에 임했다.

1919년 6월 28일 베르사유궁전의 거울의 방에서 조인된 독일에 관한 조약은 프랑스에게는 '복수'에 다름 아니었다. 독일을 가능한 한 약체화시켜 자국의 위신을 회복하고 장래의 안전을 보장하는 것이 목적이었다. 그 때문에 알자스로렌의 반환 외에 라인강 좌안의 비무장지대 설정, 독일 군비의 소멸, 막대한 배상금 지불을 얻어냈다. 한편 윌슨과 국제연맹에 기대한 독일은 가혹한 조건에 깊은 원망을 품게 되었다.

전후 처리와 중도정치

아무튼 1920년대의 프랑스는 안전보장과 경제 재건의 두 전후 처리 문제를 해결하여 외견적으로는 전쟁의 폐허에서 일어선 듯이 보인다.

안전보장 문제는 배상 문제와 관련되어 있었다. 독일의 배상금 지불에 불신을 품은 푸앵카레 수상은 1923년에 독일의 공업지대 루르의 군사점령이라는 강경 수단을 써서 국제적으로 고립되었기 때문에 미국의 은행가 도즈를 위원장으로 하는 국제위원회의 조정을 받아들여 루르로부터 철병하였다. 도즈 조정은 당면한 독일의 배상금 지불액을 경감시켰기 때문에 결과적으로 독일의 성공이었고 이후 독일 경제는 급속도로 부흥하였다. 도즈 안은 1930년의 영 안으로 더욱 축소되었고 결국 세계공황으로 배상금 지불은 폐지되었다.

군사적 수단이 막힌 프랑스가 외교에 의한 안전보장의 길을 찾은 것이 1925년 12월의 로카르노조약이다. 이로써 프랑스, 독일, 영국, 이탈리아, 벨기에 5개국에 의해 독일과 프랑스 국경의 불가침이 보장되었다. 다음 해에는 독일이 국제연맹에 가입하여 드디어 프랑스의 대독 경계심이 완화되고 전쟁이 멀어졌다는 감각을 갖게 되었다.

통제경제가 폐지되고 1920년대의 호황으로 전후의 경제 재건도 급속도로 진행되었다. 특히 전기, 자동차, 항공기 같은 신흥 부문이 발전하고 산업화가 이루어졌다. 최대 현안이었던 재정위기도 프랑의 환율 절하로 호전되었다.

20년대의 국내 정치의 중대한 변화는 뭐니뭐니해도 공산당의 출현이지만 이는 바로 뒤에 정리해서 언급하기로 하겠다. 일반적인 세력 배치를 보면 우선 '우파'로서 오보르튜니스트 계보를 잇는 보수공화파가 있는데, 이들은 조직적 정당 기구가 없었고 현상 유지의 색채가 강했다. 그 오른쪽에 있는 '악시옹 프랑세즈' 등은 정치 세력으로서는 약한 '극우' 내셔널리스트 단체였다. '좌파'로서는 사회당이 있고 '극좌'에 공산당이 있다. '중간'에 최대 정당이 급진사회당이 있어 개별 문제에 대해서는 우파와 좌파로 나뉘어졌다. 급진사회당은 반교권주의(反敎權主義)와 누진과세주의(累進課稅主義)에서 보수공화파와 크게 달랐다.

대체적으로 당시의 프랑스 정치는 급진사회당이 항상 중심에 있고 보수공화파가 여당에 더해지면 '중도우파',

사회당이 정부를 지지할 때는 '중도좌파'가 되었다. 극우와 극좌는 항상 배제되었다. 이렇게 내각이 빈번하게 바뀌는 불안정함에도 불구하고 같은 인물이 몇 번이나 장관이 되어 중도정치의 틀이 변하지 않는 정치의 매너리즘이 이어졌다.

2. 30년대의 실험

공산당의 성립

제1차 대전을 계기로 바뀐 국제 관계의 최대 변화는 미국의 경제 발전과 러시아의 볼셰비키 정권의 탄생이다. 전자의 영향은 시간이 지남에 따라 점차 명확해진 반면 후자의 그것은 바로 나타났다.

서구 선진국에서도 사회주의 정권이 성립하지 않으면 볼셰비키 정권의 존속이 불가능하다고 생각한 레닌은 1919년 3월에 '제3인터내셔널'(코민테른)을 모스크바에 설립하고 각국 사회주의정당에 가맹을 호소하였다. 그 가맹 조건으로 내부로부터 개량파를 배제하고 엄격한 규율

을 확립하여 모스크바 지휘부의 결정을 철저히 따를 것
이 요구되었다. 대부분의 나라에서는 소수파만이 당으
로부터 분리하여 가맹하여 '공산당' 간판을 내걸었지만
프랑스에서는 20년 12월의 사회당 투르 대회에서 가맹
파가 다수를 점하여 '프랑스 공산당'을 결성하였다. 소수
파가 된 유력 당원 레옹 블룸(1872~1950)은 가맹 조건 모
두가 프랑스 사회주의의 전통에 반한다는 점을 반대 이
유로 내세웠다. 그럼에도 불구하고 압도적 다수가 가맹
에 찬성한 것은 사회당이 전년 선거에서 패배하여 의회
제 민주주의에 실망하였고, 또 같은 해의 CGT의 철도스
트라이크가 실패하면서 종래의 생디칼리슴에 대한 의문
이 커진 상황적 이유와 함께 러시아혁명의 성공이 세계
혁명이 멀지 않았다는 환상을 심어주었기 때문이었다.
사회당의 분열에 이어 CGT도 분열하였다.

그러나 1921년의 독일혁명운동의 퇴조, 소련의 혁명
방위적 태도로 기울어진 것은 세계혁명에 대한 희망을
잃게 하여 프랑스 공산당 내부로부터 탈당자가 속출하였
다. 게다가 코민테른의 방침은 당세 확대보다도 다가올
혁명을 준비하는 전위 분자를 확보하는 데 있었기 때문
에 다른 사회주의자들을 '개량주의자'로 공격하는 섹트

주의로 바뀌어 공산당의 의석은 감소해갔다.

한편 소수파로 사회당에 남은 사람들은 볼셰비즘에 실망한 사람들을 받아들여 '옛집'을 지켰다. 블룸도 역시 마르크시스트였고 사회주의로의 이행 단계로서 일종의 '프롤레타리아독재'를 인정하고는 있었으나 '부르주아 데모크라시'의 조건이 있는 한에서는 가능한 한 합법 활동으로 사회 개량을 달성할 것을 주장하였다. 사회당은 공산당과 반대로 부침은 있었으나 당세를 확대시켰다. 그러나 선거로 당세를 키우기 위해서는 노동자뿐 아니라 공무원, 소상공인, 농민 등 중간층에 기반을 확대할 필요가 있어 이전의 급진사회당과의 차이가 모호해질 수밖에 없어졌다. 이 때문에 공산당은 사회당을 '사회파시스트'라고 공격하고 사회당은 공산당을 '모스크바의 간첩'이라고 맞받아치며 사회주의정당과 노동조합 모두 완전히 분열되었다.

요컨대 공산당과 사회당 간의 태도 변화는 혁명의 근접도에 대한 정세 판단과 서구 사회주의정당이 처해 있는 조건이 러시아와 다른가 같은가의 인식에 달려 있었다. 이렇게 사회주의 실현을 둘러싸고 소비에트형(공산주의)과 서구형(사회민주주의)과의 대립 구도가 형성되었다.

이 시점에서의 '공산주의'란 소유 제도나 경제 제도에 관한 이론이라기보다는 오히려 그 국가의 지배적인 정치 문화에 대한 대항문화(카운터컬처)의 의미를 강하게 갖고 있다. 프랑스에서는 그것은 리버럴 데모크라시의 대항 문화로, 예를 들면 비슷한 시기에 결성된 일본 공산당의 경우는 근대 천황제의 대항문화였다.

세계공황과 '2월 6일 사건'

20년대의 상황을 바꾼 것은 1929년 뉴욕 월가에서 시작된 세계공황이었다. 자기금융(自己金融)형 기업이 많고 프랑화가 안정되어 있던 프랑스에서는 1931년경부터 그 영향이 나타나기 시작하여 1938년까지 이어졌다. 이는 노동자는 물론 공화국 모델의 중심적 사회 기반을 이루는 공무원, 농민, 도시 중간층에도 불안을 확산시켰다. 한편 1932년 선거에서는 '좌익 카르텔'이 승리하여 중도 좌파인 급진사회당 내각이 성립되었으나 효과적인 대책을 내지 못한 채 단명 내각의 교체가 계속되었다.

이러한 정세하에 '2월 6일 사건'이 일어났다. 1934년 2

250

월 6일 파리에서 극우 단체들의 대규모 반의회주의적 데모가 발생하여 달라디에 내각이 책임을 지고 사임한 사건이다. 좌익의 여론은 이를 '파시스트의 정권 탈취 행동'으로 받아들였다. 그러나 오늘날의 연구에서는 당일 그들의 행동 목적은 팔레 부르봉(대의원)의 점거가 아닌 달라디에 급진사회당 내각이 관련된 사기 사건('스타비스키 사건')으로 내각을 흔들려는 목적뿐이었고 그 목적을 달성했다고 보고 있다.

또 당시의 제 단체가 '파시스트'였는가의 여부는 오늘날에도 의견이 나뉘는 부분이다. 많은 프랑스 역사가들은 만약 '파시즘' 이데올로기가 반자본주의성을 갖고 대중성을 띤 조직이라 한다면 '악시옹 프랑세즈' '크루아드 푀' 등 프랑스의 대표적 극우 단체의 대부분은 '파시스트'라기보다는 오히려 왕정주의나 보나파르트주의 같은 전통 우익에 가깝다고 보고 있다.

따라서 '2월 6일 사건'의 역사적 의미는 그 오직 성향 때문에 극우 세력에 의해 '좌익 블록' 중 가장 약한 부분이라 여겨졌던 급진사회당이 그때까지 제3공화정의 중심적 역할을 맡아온 정치적 리더십을 상실했음을 보여준 데 있었다.

'30년대의 정신'

이는 몇 번이나 반복된 단순한 정치 블록의 교대극(交代劇)의 하나가 아니었다. 이 시기 제3공화정을 지탱해온 '공화국 모델'을 부정하는 극우 단체가 증가했을 뿐 아니라 기존 정치조직 안에서도 새로운 세대에 의한 '30년대 정신'이라 말할 수 있는 쇄신 기운이 싹트고 있었다.

우선 급진사회당 내부에서는 피에르 망데스 프랑스 (1907~82) 등을 포함하는 '청년 튀르키예'로 칭하는 젊은이 집단이 생겨났다. 그들은 구세대의 타협적 정치 수법을 대신할 것을 모색하기 시작했고, 일부는 극우 단체로 합류하였다. 사회당 안에서는 우파로부터 데아가 이탈하여 극우적인 '네오 사회주의'를 주창하는 한편 '프라니스트'라 불리는 통제경제로의 개혁안을 제창하는 젊은 세대의 이론 집단이 출현하였다. 나중에 구조주의 인류학자가 된 클로드 레비스트로스도 그중 한 명이었다. 공산당은 자본주의의 '상대적 안정기'가 끝났다고 판단한 코민테른의 방침에 따라 1928년부터 한층 더 섹트주의를 강화시킨 '계급 대 계급' 노선을 취하여 의석을 감소시켰다. 그러나 당내 실력자인 도리오가 '계급 대 계급' 노선을 비판하고 코민테른의 통제로부터 점차 이반하기 시작하였다.

이같이 제3공화정의 전통 정치로부터의 이탈을 모색하기 시작한 시기에 '2월 6일 사건'에 대해 많은 사람들이 파시즘의 위협이라고 느꼈던 것은 자연스러운 것이었다. 그 후의 히틀러의 총통 취임(34년 8월), 재군비 선언(35년 3월)으로 이어지는 국제 정세와 이에 호응하는 극우 단체의 활동이 더욱 이러한 의구심을 강화시켰다.

'인민전선'의 성립

'인민전선'은 1934년 7월의 공산당의 제창으로 사회당과 반파시즘 통일 행동에서 시작되었다. 1935년 7월에는 공산당이 제창하는 '인민연합'('인민전선'의 공식 명칭)에 급진 사회당도 참가했다. 다음 해 봄 선거에서 '인민연합' 블록이 승리하여 6월에 블룸 수반의 이른바 '인민전선'내각이 탄생하기에 이르렀다. 따라서 그것은 한편으로는 그때까지의 선거 블록의 연장이지만 공산당이 블록에 합류한 점, 사회당이 내각에 참가하고 하부 조직의 압력이 강했던 것이 새로운 점이었다.

물론 통일은 쉽지 않았다. 공산당이 통일전선의 추진

자로 대전환한 것은 소련이 1934년 5, 6월에 나치 독일에 대한 경계를 강화하고 자국 방위를 위해 반파시즘 투쟁을 최우선으로 하기로 방침을 바꾸었기 때문이었다. 그 때문에 도리오를 프랑스 공산당으로부터 배제하고 유능한 당 간부인 모리스 토레즈(1900~64)의 지휘권을 높임과 동시에 도리오가 취했던 통일전선 방식으로 전환시켰다. 하부 당원이나 지식인의 동향에도 민감한 토레즈는 이 전환을 프랑스혁명의 자코뱅적 해석, 즉 혁명과 조국 방위는 하나라는 논리로 프랑스 좌익의 전통 속으로 끌어들였다.

사회당 지도부는 토레즈의 방침 전환에 주저하였으나 좌파가 이를 환영하였고 블룸도 또한 반파시즘 제안의 수락을 의무라고 생각하였다. 급진사회당은 처음엔 제안을 묵살했으나 1935년 5월의 프랑스·소련 상호원조조약이나 같은 달의 지자체 선거의 경험 이후 통일에 적극적인 좌파, 즉 달라디에파의 힘이 강해졌다.

이런 분위기 속에서 다른 반파시즘 단체도 합류하여 1936년 1월에 '빵·평화·자유'를 슬로건으로 내건 '인민연합강령'이 드디어 작성되었다. 그리고 1936년 봄 선거에서 '인민연합'은 615 의석 중 376석을 획득하여 우파 블록에 승리하였다. 사회당 147, 급진사회당 106, 공산당 72, 좌익 제파 51석이다. 6월 5일 공산당을 각외(閣外) 협력으로 하는 블룸 수반 내각이 탄생하였다.

붕괴

이 선거는 제3공화정 최초의 경험으로 다양한 해석을 낳았다. 사회당 좌파, 극좌 집단에서는 이는 혁명이고 '모든 것이 가능하다'는 도취적 기분을 고조시켰다. 대조적으로 급진사회당 입장에서는 그때까지의 좌익 블록의 선거 승리와 다를 바 없었다. 중간파인 블룸에게는 '권력의 쟁취'가 아닌 '권력 행사'의 실험 기회였다. 공산당도 이에 가까워 계급투쟁의 한 형태일 뿐으로 그 전술 목표는 한정되어 있었다.

한편 노동자들 사이에서는 '축제' 분위기가 감돌아 자연발생적인 스트라이크가 전국적으로 발생하였다. 이를 진정시키는 것이 블룸 내각이 첫 과제가 되었다. 6월 7일, 수상관저(오텔 드 마티뇽)에서 단체협약의 체결, 조합 결성의 자유, 임금인상 등의 노·사간 합의('마티뇽 협정')가 이

루어져 6월 말까지 40시간 노동제, 2주간의 유급휴가 등
이 제정되었다.

그럼에도 스트라이크는 바로 진정되지 않았는데 그것
을 중지하라고 호소하는 사회당, 공산당 지도부는 '배신
자'로 비난받았다.

하지만 인민전선은 예상치 못한 사태의 발생으로 붕
괴되었다. 프랑스보다 한발 앞서 인민전선 정부가 출현
한 스페인에서 1936년 7월에 프랑코 장군이 반란을 일으
켰기 때문에 스페인 정부가 프랑스에 무기 원조를 요청
해왔다. 블룸 정부는 바로 지원 방침을 결정했지만 영국
이 동조하지 않았고 급진사회당은 반대하였다. 전면전
쟁으로 발전할 우려가 있어 정부는 방침을 변경하여 8월
에 각국에 호소하여 불간섭 협정을 체결하였다. 그러나
독일과 이탈리아는 반란군에 공공연히 무기를 원조하고,
1939년 3월에는 반란군이 마드리드를 제압하여 내전은
종결되었다. 이사이 공산당이나 극좌파가 정부의 우유
부단함을 공격하지만 프랑스 정부의 불간섭 정책은 바뀌
지 않았다.

외교로 내부에 균열이 발생한 블룸 내각은 재정 면에
서도 일관성을 잃고 실패하면서 1937년 6월에 사직하였

다. '인민연합강령' 정책은 이미 1936년 여름에 다 나와 있었고 블룸은 '실험'의 좌절을 인정하지 않을 수 없었다. 그 뒤 단명 내각들이 이어지지만 이렇다 할 성과도 없어 1938년 11월에 '인민전선'은 명실공히 소멸하였다.

'인민전선'은 체제적으로 막다른 골목에 몰려 있던 제3공화국이 선거 블록의 차원에서 탈출을 시도한 데 그쳤을 뿐 체제 쇄신을 이뤄내지는 못하였다. 물론 이 시기 쇄신하려는 정신이 다양하게 표출된 것은 귀중한 경험이었지만, 당면 관심이 국내 정치에 쏠려 있어 반대로 나치 독일의 위험성에 대한 물심양면의 준비가 부족했다. 그 때문에 달라디에 내각은 곧 복잡한 국제 관계에 휘둘리게 되었던 것이다.

3. 제2차 세계대전

뮌헨 협정

제1차 대전 후에 프랑스가 추구해온 안전보장체제는 나치 정권의 등장 이래 독일의 재군비 선언(1935), 로카르노조약 파기(1936)로 파탄이 났다. 그 때문에 프랑스는 독일을 동·서로 포위하는 고전적 방법으로 돌아가 프·소 상호원조조약(1935)을 체결했다. 그러나 1938년 3월에 오스트리아를 병합한 히틀러는 더 나아가 프랑스와 상호원조조약을 맺은 체코슬로바키아에게 수데텐 지방의 할양을 요구하였다. 이때 독·영·프·이탈리아 사이에 히틀러의 요구를 인정한 것이 '뮌헨 협정'이다(뮌헨회담/뮌헨융화, 9월 30일).

영·프의 의도는 소국 체코슬로바키아에 희생을 강요함으로써 전면전쟁을 회피하는 데 있었다. 영국 수상 체임벌린은 이 양보로 히틀러의 확대 의욕을 만족시켜 운 좋으면 히틀러를 소련에 대한 방파제로 쓸 수 있겠다고 생각했다. 프랑스 국내에서는 히틀러에 대한 경계심이 영국보다 강했지만 프랑스의 군사적인 방어력 부족을 아는 달라디에 수상은 여하튼 유예기간이 필요하다고 생각하여 체임벌린의 의견을 따랐다. 뮌헨에서 귀국한 달라디에는 전쟁을 저지한 영웅으로 환영받았지만 결과적으로 뮌헨 협정은 히틀러의 의도를 잘못 파악한 영·프의 외교적 실패였다.

개전에서 패배로

　제2차 대전은 앞의 대전과는 완전히 다른 양상을 보였다. 1939년 9월 1일 독일군이 폴란드로 침입하여 3일에 영국, 프랑스가 독일에 선전포고하여 전쟁이 시작되었다(이탈리아·미국은 중립선언). 1939년 가을부터 1940년 봄에 걸쳐 독일의 군사행동은 폴란드에 이어 덴마크, 노르웨이로 확대되었고 이사이 프랑스군은 20년대부터 국경을 따라 구축한 '마지노선' 안쪽에 숨어 스포츠, 연극 등으로 무료를 달래며 공격을 기다리는 '기묘한 전쟁'이 되었다. 의회에서는 여전히 독일과의 대화를 기대하는 유력한 평화주의 그룹이 있어 거국일치내각은 요원하였다. 반히틀러의 선두에 서 있던 공산당은 청천벽력 같은 독소불가침조약 체결에 너무 당혹한 나머지 분열하였고, 당으로서는 '스탈린은 옳다'라는 공식 견해를 취했기 때문에 인민전선으로 모처럼 올려놓은 신뢰를 한꺼번에 잃고 당은 비합법화되었다.

　독일군은 1940년 5월 10일에 네덜란드, 벨기에, 프랑스로 일제 공격을 감행해왔다. 바로 마지노선이 돌파되어 6월 14일 무방비도시를 선언한 파리로 독일군이 입성하였다. 프랑스의 패배는 공군력의 열세와 '전격전'이라

는 독일의 전략에 대해 무력했던 탓이었다. 6월 10일에
는 이탈리아도 프랑스에 선전을 포고하였다. 정부는 보
르도로 피난하여 부수상 페탱 원수가 꾸린 신내각은 독
일과 휴전협정을 맺고 6월 29일 중부의 휴양도시 비시로
옮겼다. 국토는 독일의 지배하에 들어간 국경 지대의 '유
보지구'를 제외하고, 북부와 대서양 연안의 '점령지구'와
그 이외의 '자유지구'로 양분되어 자유로운 왕래가 금지
되었다.

참고로 1937년 이래 중일전쟁의 진흙탕 싸움으로 들어
간 일본은 아직 유럽 정세와 깊이 연계하는 데에는 신중
하였다. 1936년에 소련을 가상적국으로 하는 일독방공
협정을 맺기는 했으나 독일·이탈리아와 삼국동맹을 맺
은 것은 프랑스의 패배 이후인 1940년 9월이었다. 그 며
칠 전에는 프랑스령 인도차이나 북부로 일본군이 진주하
였다.

비시 체제

비시 정권은 1940년 7월 10일 혼란 속에서 모인 상하

양원의 3분의 2의 의원들이 페탱 원수에게 신헌법 공포의 전권을 부여하여 그다음 날 탄생한 정권이다. 국명이 '프랑스국'으로 바뀌고 페탱이 국가수석(國家首席)으로 취임하였다. 다소 법률상 의문점은 있지만 이 혼란기에 그 합법성을 문제시 하는 의견은 국내에는 거의 없었다. 국제적으로도 영국을 제외한 전 세계가 이를 승인하였고 미국, 소련은 비시에 대사관을 두었다.

10월이 되자 페탱은 독일에 대한 '협력'(코라보라시옹)을 표명하였다. 이것이 전후에 문제가 되었지만 비시정부로서는 독일이 결국 영국까지 정복하여 승리할 것이 확실하다고 판단하여 다가올 유럽 체제에서 프랑스가 가능한 한 유리한 위치를 점할 것을 생각했던 것이다. 또 가혹한 휴전 조건은 앞으로 더 교섭의 여지가 있다고 판단하였다. 이것들은 모두 오산이었다. 히틀러로서는 프랑스 정부가 북아프리카로 도망가 전쟁을 계속하는 것을 막는 것만이 당면한 중요 과제로 생각한 듯하다.

그렇다면 비시 체제란 무엇인가. 앞서 언급했듯이 전간기(戰間期)에 이미 제3공화정의 '공화국 모델'에 대한 의문이 싹트고 있었기 때문에 1940년 여름에는 패배의 모든 책임을 낡은 제3공화정의 정치체제로 돌리는 것이 국민 대다수의 공통 의식이 되었다. 그리고 불안과 당혹 속에서 사람들이 국가 재건의 책무를 자진해서 짊어진 84세의 '베르됭의 영웅' 노장 페탱을 '구세주'로 받아들였다 해도 이상하지는 않을 것이다.

"우리들이 패배는 방심에서 온 것이다. 희생의 정신이 쌓아온 것을 향락의 정신이 파괴한다"고 말한 페탱 원수는 '국민혁명', 한마디로 프랑스혁명의 인권, 반교권주의, 공화국의 원리를 부정하는 것을 국가의 쇄신으로 보았다. '자유·평등·우애'를 대신하여 '노동·가정·조국'의 슬로건이 등장하였다. 이는 프랑스혁명 이래 존속해왔고 제3공화정하에서 땅 밑으로 흐르던 전통주의로 파시즘의 특징인 단일 정당이나 포퓰리즘의 요소를 갖고 있지 않다.

그러나 비시정부에 참가한 것은 극우 단체에서 보수우파의 급진파, 평화주의자, 반의회주의자의 좌파에 이르는 다양한 분자로 인민전선을 증오하는 실업가, 전전에 개혁안을 내세울 수 없었던 테크노크라트까지도 포함되어 있었다. 요컨대 제3공화정에 불만을 가진 분자의 집합체로, '국민혁명'은 그 통일적인 원리가 아니었고 정권 후기에는 파시즘적 요소도 보였다고 말해진다.

국민의 여론은 전쟁의 장기화나 히틀러의 '협력' 요구

가 가혹해짐에 따라 비시 정권에 대한 환상을 버리기 시작했지만, 대다수의 국민 사이에 페탱 원수 개인에 대한 신뢰는 없어지지 않았다고 한다. 또 독일 점령 당국도 국민에 신망이 없는 적극적인 대독(對獨) 협력 분자에게 기대기보다는 페탱을 이용하여 프랑스 국민을 중립화시키는 쪽을 선택하였다.

저항운동

독일군에 대한 저항운동(레지스탕스)에 대해서는 운동의 지도권과 연합국과의 관계라는 두 가지 문제가 있다.

'저항'은 런던에서 시작되었다. 육군 내에서는 이색적인 존재로 우파 개혁파인 국방차관 샤를 드골(1890~1970) 장군이 1940년 6월 17일 휴전에 반대하여 런던으로 탈출한 다음 날, BBC 방송을 통해 프랑스 국민에게 영국과 함께 전쟁을 계속하도록 호소하였다. 그러나 반향은 거의 없었고 그의 조직 '자유프랑스'는 대륙 전선에서의 탈출병을 포함하여 수천 명에 지나지 않았다. 비시정부는 궐석재판으로 그에게 사형을 판결하였고, 루스벨트 대통령은 그를 야심찬 군인 독재자로 보아 상대하지 않았으며 처칠도 애매한 태도를 취했다. 영·미는 비시 정권을 다시 전선으로 복귀시킬 여지를 남겨두었던 것이다. 고립된 드골에게 용기를 준 것은 본국의 저항운동이었다.

드골의 호소는 해외 영토의 군대를 향한 것으로 본국 내 시민들의 저항운동은 예상치 못했으나 그것은 1940년 가을부터 산발적으로 시작되어 점차 확대되어갔다. 그 발전기(發展期)에는 독·소전 개시로 공산당이 공공연히 저항운동을 시작한 1941년 6월, 라발이 정부 주석이 되어 대독 협력을 강화한 1942년 봄, 독일로의 노동력 징발을 거부한 젊은이들이 무장 저항인 '마키'를 시작한 1943년 봄 이후의 세 단계가 있었다. 레지스탕스 참가자의 총인원은 전후 프랑스 정부의 공식 발표에 의하면 약 40만으로 그중 10만이 목숨을 잃었다.

다양한 저항운동이 전개됨에 따라 국내외에서 주도권을 둘러싼 대립이나 반발이 있었으나 드골의 대리로 프랑스에 잠입한 전 지사 장 물랭의 노력으로 1943년 5월 드골을 지도자로 하는 전국통일조직인 '레지스탕스국민회의'(CNR)가 결성되어 어느 정도 타협적 해결을 보았다.

연합국과의 관계는 1942년 가을 연합군의 북아프리카

상륙 이후 미국이 중시하는 친(親) 비시파의 지로 장군과 CNR의 지지를 배경으로 하는 드골이 주도권을 다투다 1943년 6월 두 명을 의장으로 하는 '프랑스국민해방위원회'(CFLN)가 결성되었다. 해방위원회는 8월 드디어 정식으로 연합국의 승인을 받아 드골이 실권을 장악하여 임시정부의 성격을 갖추었으나 루스벨트 대통령은 여전히 이를 프랑스의 합법 정부로 인정하지 않았다.

'해방'

드골과 지로, 두 장군의 항쟁이 계속될 즈음, 전쟁 상황은 확실히 연합군의 승리로 기울고 있었다. 스탈린그라드에서의 독일군의 항복(1943년 2월), 북아프리카에서의 독일·이탈리아군의 항복(5월), 미군의 이탈리아 본토 상륙과 이탈리아의 항복(9월)으로 이어졌고, 프랑스에서는 1944년 6월 6일 연합군의 노르망디 상륙이 결정적인 것이 되어 8월 25일에 파리가 해방되었다. 이 전쟁의 최종 과정에서의 연합군, 드골, 공산당 사이의 전략전에 대해서만 언급해 보겠다.

연합군총사령관 아이젠하워는 희생이 많은 파리 공략을 나중으로 미루고 독일군의 주력부대 공략을 중시하였다. 또 어디를 프랑스의 정식 정부로 할지의 복잡한 문제를 나중에 해결하려는 정치적 판단도 있었다. 그러나 레지스탕스 조직은 해방이 가까워졌다고 판단하여 무장투쟁을 강화하고, 공산당이 강한 파리에서는 8월 19일 레지스탕스 민병이 봉기하였다. 이에 아이젠하워는 작전을 변경하여 드골파인 르클레르 장군 휘하 프랑스군을 파리 공략에 투입하였다. 드골 또한 공산당의 주도권을 경계하면서도 프랑스인의 자력에 의한 파리 해방을 원하여 르클레르 군과 레지스탕스 민병의 협력으로 8월 25일 파리가 해방되었다. 그날 오후 '해방' 직후의 파리에 도착한 드골은 국내 레지스탕스의 공헌을 완전히 묵살하고 '자유프랑스'가 제3공화정을 계승할 정통성이 있음을 과시하였다.

전쟁은 다음 해 1945년 5월까지 이어져 드골은 최종 단계까지 프랑스군을 전투에 참가시킬 것을 고집했고 그에 성공하였으나 얄타회담에도 포츠담회담에도 초대받지 못하였다.

제 10 강
변모하는 현대 프랑스

파리의 5월혁명(1968년, 카르디에 라탱, 사진 제공 : Aflo)

1944	9. 임시정부 성립(드골 주석)
1945	11. 3당 연립내각
1946	1. 드골 사임. 10. 제4공화정 성립. 12. 인도차이나전쟁 발발(~54)
1947	5. 3당 연립내각 붕괴('제3세력'으로). 7.마셜플랜
1951	4. '유럽석탄철강공동체' 조인
1954	5. 디엔비엔푸 함락. 6.망데스 프랑스 내각 7. 인도차이나 정전협정. 11. 알제리 전쟁 발발
1958	5. 알제리 반란. 9. 제5공화정 성립. 12. 드골, 대통령으로 선출
1962	3. 에비앙협정(알제리 독립 승인). 10. 헌법 개정
1968	5. 5월혁명
1969	4. 드골 사임. 6. 퐁피두, 대통령으로 선출
1973	10. 제1차 석유파동
1974	5. 지스카르 데스탱, 대통령으로 선출
1981	5. 미테랑, 대통령으로 선출
1986	3. 시라크, 수상 취임. 제1차 보혁 공존(코아비타시옹) 정권 성립
1988	5. 미테랑 재선
1989	11. 베를린장벽 붕괴
1992	2. 마스트리흐트 조약 조인
1995	5. 시라크, 대통령으로 선출
2002	4. 시라크 재선
2003	3. 이라크 전쟁

대 전환기

드디어 마지막 강에 접어들었다. 내가 처음으로 프랑스 땅을 밟은 것이 1962년 말이었는데 그해는 알제리 전쟁도 드디어 끝나고, 8월에는 프티클라마르라는 드골 대통령 암살 미수 사건이 있어 파리 시내의 요소요소에 소총을 든 무장 경관이 서 있었다. 헌법 개정을 위한 국민투표로 여론은 격렬하게 갈라져 제5공화정은 어떤 국가이며 언제까지 계속될 수 있을 것인지 의견이 분열되어 있었다.

제5공화정은 드골 사후 오늘까지 약 반세기 동안 이어지고 있다. 발족 당시 체제에 대해 가장 정력적인 반대자의 한 명이었던 미테랑이 약 20여 년 후에 그 공화국 대통령으로 취임할 것이라고 당시에 누가 예상했겠는가.

지금의 시점에서 생각하면 이 제5공화정의 성립 전후가 프랑스사에서는 하나의 큰 전환기의 시작이고 이 10강에서도 매듭짓기에 어울리는 큰 전기가 될 것으로 생각한다.

1. 제4공화정

제4공화정의 성립—'3당 연합'에서 '제3세력'으로

 드골은 파리 입성 직후부터 곧바로 프랑스의 전후 정치 재건에 돌입하였다. 국민의회 선거를 겸한 1945년 10월의 국민투표에서는 제3공화정의 부활을 원치 않음이 여론으로 나타났기 때문에 헌법 제정을 시행하게 되었고 여성에게 처음으로 참정권을 인정한 것도 이 선거 때였다.

 '프랑스국민해방위원회'(CFLN)가 명칭을 바꾼 임시정부의 주석에 지명된 드골은 레지스탕스운동에 가장 영웅적으로 관여한 제1당인 공산당, 역시 레지스탕스에 참가한 가톨릭민주파를 주체로 하는 제2당인 '인민공화운동'(MRP), 제3당인 사회당 등, 주요 3당의 연립내각을 조직하였지만 1946년 1월에 갑자기 사임하였다. 이전부터 정당이 제3공화정을 마비시켰다고 생각하여 의회주의에 불신을 품은 드골과, 국내 레지스탕스 운동의 주체였던 정치조직 사이에 간극이 있기 때문이었다. 그 이후 정계는 드골을 제외한 3당 연합 체제로 운영되는데, 1946년 10월에 국민투표에서 겨우 가결된 제4공화정 헌법은 정당 간 타협의 산물로 제3공화정에 비해 큰 차이가 없어 쇄신을 기대했던 국민들을 실망시켰다.

게다가 공산당이 1947년 5월부터 야당이 되었고 또 같은 시기에 드골이 '프랑스인민연합'(RPF)을 창립하였기 때문에 정부의 기반은 '3당 연합'에서 사회당, 급진사회당, MRP 및 온건 우익의 소집단을 규합하는 '제3세력'으로 옮겨갔다. 이렇게 공산당과 RPF라는 강력한 세력을 야당으로 좌우 양측에 둔 것이 제4공화정의 구조적 약점이 되어 12년 간 25번이나 내각이 교체되고 중요 문제의 해결을 뒤로 돌리는 '무사안일주의'(이모빌리슴)에 빠지게 되었다.

그러나 그럼에도 불구하고 제4공화정은 중앙 우파로 살짝 기운 '중도정치'를 취하면서 미국의 원조를 얻어 급속한 경제 부흥을 달성하고 그와 동시에 로베르 쉬망이 제창한 '유럽석탄철강공동체'(CECA, 1951년에 조인)에서 보이듯이 유럽 통합의 방향으로도 성공을 거두었다. 그러나 '유럽군'을 설치하는 '유럽방위공동체'(CED) 문제로 '제3세력'의 결속력의 약체가 드러나는 사이에 인도차이나 문제가 급부상하였다.

공산당

그전에 전후 프랑스 정치나 사회를 좌우하는 중요한 존재가 되는 공산당에 대해 논해보겠다.

국내 레지스탕스 운동의 중심 세력이었던 공산당이 전후 혁명의 기회를 뒤로하고 우익 드골 정권에 협력한 것은 망명지 모스크바에서 귀국한 토레즈 서기장으로 대표되는 소련의 의향에 의한 바가 크다. 1945년 2월의 얄타 회담에서 미·영과 스탈린 사이에 전후 유럽의 세력권 배분에 대한 이해가 생겨났던 것이다. 이에 소련으로서는 드골에 협력하여 공산당을 입각시켜 영·미의 영향력을 가능한 한 억제하는 것이 바람직했다. 그러나 1947년 3월의 이른바 '트루먼독트린'의 발표로 '냉전' 시대의 막이 열렸다. 6월에는 유럽경제부흥 원조인 마셜플랜에 대해 소련이 각국 공산당에게 거부할 것을 지령하고 대항 태세를 굳히면서 냉전이 본격화하였다. 토레즈는 그때까지의 내각에 대한 협력을 '자기비판'하고 '미국 제국주의의 첨병'과 철저하게 투쟁할 것을 표명하였다. 이로써 '해방'기의 밀월 관계가 끝나고 공산당과 타 정당, 특히 가장 가까운 좌익인 사회당과의 격한 대립이 시작되었다.

그러나 이 고립에도 불구하고 공산당은 1951년, 56년

선거에서 제1당으로 올라갔고 그 후에도 1981년의 미테랑 등장까지 거의 20%대의 득표율을 유지하였다. 냉전하의 서방 진영에서 공산당이 이러한 당세를 유지한 것은 프랑스 특유의 현상으로, 그 원인으로는 먼저 레지스탕스 운동의 중핵을 담당한 영광의 유산이 있고 두 번째로 전후 대국 소련과 친밀한 국제정당인 동시에 노동총동맹(CGT)을 기반으로 하는 노동자정당이라는 이중의 강점이 있었다. 세 번째로 전후 서구 사상계에서 마르크스주의가 유력한 사상 체계로서의 자리를 점했는데 애초엔 독일만큼 마르크스주의가 유력하지 않았던 프랑스의 사상·문화계에서 아라공, 피카소, 졸리오 퀴리 부부, '동반자' 사르트르 등 쟁쟁한 지식인들이 지적·문화적인 권위를 당에 부여했던 점 등을 들 수 있다.

공산당의 당세에 암운이 드리우기 시작한 것은 60년대 말이다. 1968년의 '5월혁명'이 마르크스-레닌주의 비판에 힘을 실어주었고 같은 해 8월의 '프라하의 봄'에 대한 군사적 억압은 소련에 환멸을 느끼기 시작한 많은 지식인들을 공산당으로부터 이탈시켰다. 게다가 스탈린 시대 이래의 강제수용소의 존재나 소련 경제의 실태가 밝혀지면서 '모스크바의 장녀'로 불리던 프랑스 공산당은 심각한 손상을 입게 되었다. 그러나 프랑스 사회당이 노동자에 대한 영향력이 약하였고 또 알제리 정책이 실패한 데 힘입어 공산당은 한동안 힘을 유지할 수 있었다.

그렇지만 프랑스 공산당의 당세 약화에는 단순히 소련의 이미지나 사회당의 움직임 이상으로 더 깊은 사회적인 이유가 있다고 생각한다. 산업화의 진전에 따른 '소비경제'의 출현이 종래의 '공화국 모델'의 기초를 무너뜨리고 공산당이 체현하는 사회주의적 '대항문화'의 임팩트를 감소시켰기 때문인데, 이 부분은 나중에 언급하기로 하겠다.

인도차이나전쟁과 망데스 프랑스

프랑스는 전전에 인도차이나, 북아프리카, 블랙 아프리카에 주로 식민지를 갖고 있었다. 따라서 전후의 정부도 국제정치에서 발언권을 확보하기 위해서는 식민지 제국(帝國)의 유지가 불가결하다고 생각하고 있었다. 이 때문에 제4공화정 헌법에서는 본국과 구식민지, 구보호령을 일체로 하는 '프랑스연합'이 규정되어 있다.

그러나 각지에서 독립운동이 일어났고 특히 일본군이 진주해 있던 인도차이나에서는 일본의 패배 후에 베트민 (베트남독립동맹회)과 미국의 재정 지원을 받는 프랑스군과의 전쟁이 1946년 12월부터 시작되었다. 프랑스 국민의 대다수는 이 원격지에서의 전쟁에 그다지 주의를 기울이지 않았지만 1954년 5월 7일 디엔비엔푸 진지가 함락되어 다수의 사상자와 포로를 낸 것에 경악하였다. 이제 인도차이나 문제의 군사적 해결은 불가능해졌다.

　이에 급진사회당의 망데스 프랑스가 내각 수립을 지명받아 제네바로 가서 7월 2일 전격적으로 휴전협정을 체결하였다. 미국과 남베트남 정부는 협정에 조인하지 않아 이후에 '베트남전쟁'으로 이어졌지만 프랑스는 인도차이나의 식민지를 방기하였다. 이어서 망데스 프랑스는 튀니지나 모로코에도 해결의 실마리를 찾았다. 그러나 그때까지 비교적 평온했던 알제리에서 1954년 11월부터 독립운동의 불길이 타오르자 그 대응책이 미온적이라고 비판한 '프랑스의 알제리' 사수파에 공산당과 MRP가 동조하여 망데스 프랑스 내각은 1955년 2월에 불신임되었다.

　일부러 불속의 밤을 주운 망데스 프랑스는 고고하고

청렴한 공화주의 정치가로 국민들 사이에 인기가 많았다. 의회에서 충분히 토론한 뒤에 정당과의 거래를 거부하고 여론에 직접 호소하여 권위 있는 정부하에 결연히 실행해가는 그의 정치 수법은 제4공화정의 무사안일주의를 대신하는 새로운 공화국 모델을 추구하는 것이었다. 이 '망데스주의'(멩데지슴)에 대한 인기를 받쳐준 것은 인민전선 시기에 태어나 '알제리 전쟁 세대'라고도 불리는 젊은 지식인층이었다. 그들은 드레퓌스사건에서 시작하여 반파시즘, 레지스탕스로 계승되어 급진사회당, 사회당, 공산당이 짊어져온 공인된 '좌익 문화'와 그 '공화국 모델'에 위화감을 갖고 있었다. 망데스주의의 좌절은 그 이색적인 수법에 불안을 느낀 기성 정당이나 이익단체의 반발에 원인이 있었다.

알제리 문제와 드골의 재등장

알제리는 1830년 이래 프랑스 식민지로서 가장 긴 역사를 갖고 입식자(콜롱)도 많아 그 중요도는 인도차이나는 비교할 수 없을 정도로 크다. 그 때문에 '알제리민족

해방전선'(FLN)의 해방운동이 활발해지자 어떻게 해서라도 알제리만큼은 양보할 수 없다는 분위기가 현지에서도, 본국에서도 팽배해졌다. 그러나 진흙탕 싸움이 된 알제리 전쟁의 재정적·심리적 부담은 커졌고 본국의 여론도 드디어 독립 승인으로 기울었다.

그런데 의회에 MRP의 독립승인파인 프리믈랭의 수상 취임에 대한 신임을 묻는 1956년 5월 13일, 알제에서 식민지 방기에 반대하는 시민과 현지군 상층부가 봉기하여 24일에는 낙하산부대가 코르시카섬을 제압하였고 나아가 파리로 진격할 움직임을 보였다. 봉기 세력은 1946년 이래 공적 생활에서 은퇴해 있던 드골 장군의 재등장을 요청하였고 장군도 정권에 대한 의욕을 표명하였다. 본국의 군이나 경찰에도 반란군에 동조하는 움직임이 나오기 시작하였다. 국민들 사이에는 30년 전의 스페인의 악몽이 되살아났다. 모로코에서 쿠데타를 일으킨 프랑코 장군의 반란군이 북상하여 본국을 공격하였고 내전을 치른 뒤 스페인 공화국의 숨통을 끊었던 것이다.

혼란과 불안 속에서 코티 대통령은 드골에게 수상 취임을 간청하여 6월 1일 국민의회는 찬성 329표, 반대 224표로 드골의 내각 수립을 승인하였다. 드골은 알제리 문제 해결에 관한 전권 위임과 헌법 개정 제안에 관한 기간 한정 권한을 의회로부터 받아내 먼저 헌법 개정안을 국민투표에 부쳤다. 이는 압도적 찬성을 얻어 10월 5일에 공포되었고 이로써 '제5공화정'이 발족하였다. 국민투표에서 공산당 및 비공산당계 좌익의 일부가 반대표를 던졌다.

2. 제5공화정

제5공화정 성립의 의미

제4공화정에서 제5공화정으로의 급작스런 이행을 여론은 환영하였다. 그러나 이를 독재의 시작으로 경계하는 소리도 지식인들 사이에는 적지 않았다.

현대사가 세르주 베르스텡은 이 정변이 19세기 말의 제3공화정 성립과 같지만, 완전히 다른 기초 위에 하나의 사회·정치적인 복합 작용으로 실현되었다고 말한다. 복합에는 정치체제, 사회적 기초, 정치 문화의 세 측면이 있다. 정치체제로서는 전후의 국제적 지위 저하와 특히 알제리 위기에도 불구하고 무기력한 '무사안일주의'의 현존 체제가 있고, 여론은 이 체제에 염증을 느끼고 있었다.

사회적 기초, 즉 이행의 사회적 토양으로서는 경제학자 장 푸라스티에가 말하는 '영광의 30년'이 있다. 이는 '해방'에서 제1차 석유파동(1973)까지의 약 30년간의 경이로운 경제성장을 가리키며, 미국에 대항하기 위해 경제 발전을 중시한 드골파의 정책에 힘입은 바 크다. 그 결과 다른 유럽 여러 나라들과 같이 프랑스의 경제 및 사회생활은 크게 변모하여 사회계층도 변화하였다.

제8강에서는 19세기의 산업화가 농촌 도시의 소생산자를 절멸시키지 않고 다른 한편으로 제3섹터의 급여생활자를 만들어냈기 때문에 비균질적인 중간계급이 형성되어 그것이 세기말의 급진주의의 사회적 토양이 되었다고 말하였다. '영광의 30년'의 급격한 경제 발전은 농민, 소상공인 등 구 중간계급을 드디어 감소시킴과 동시에 제3섹터를 증가시켜 그들을 사무직·기술직으로 끌어들여 '화이트컬러'화시켰고, 특히 중급 관리직 등 중급 급여소득층을 두텁게 했다. 이렇게 급여생활자라는 점에서는 균질적인 중간계급이 성립되었다. 계급 내에서는 소유가 아닌 수입의 규모에 의한 계층화가 있지만 중급의 생활 스타일로 동화하려는 지향성이 강하고 그 때문에 중·고등교육에 대한 수요가 증가하였다. 지금은 사회의 다수파가 된 이 중간층이 드골 정치가 가져다줄 것 같은 질서와 번영을 누리려고 대기하고 있었던 것이다.

마지막으로, 국민의 기대를 받은 드골주의(골리슴)의 정치 문화는 제도로서의 공화정을 부정하지는 않는다. 그러나 거기에는 강한 국가, 테크노크라트, 내셔널리즘, 효율성이 중시되고 계보로 보면 보나파르티슴과 친연성이 있다. 그 때문에 전후 초기의 정계에서 드골은 고립되어 있었지만, 제5공화정 성립 시의 그의 성공은 수미일관된 이념보다는 긴급사태에 대처하는 실용주의적 대응에 힘입은 바 크다. 그런 의미에서 드골은 산업사회에서 포스트 산업사회로의 이행기에 정치체제 전환의 촉매 역할을 담당하였던 것이다.

드골의 정치

드골은 10년간 프랑스 정치를 지배하며 다음의 네 가지 점에서 정치적 달성을 이루어내었다. 우선 알제리 문제에 대해서 드골은 처음부터 내심으로는 프랑스의 국력 회복을 위해서는 알제리 전쟁을 청산할 필요가 있다고 생각하고 있었지만 '명예로운 청산'의 구체안을 갖고 있지는 않았던 듯하다. 그 때문에 모호한 발언으로 알제리 사수파에 환상을 주기도 했지만, 4년에 걸친 복잡한 과정을 거쳐 결국 반란군을 제압하고 1962년 3월 18일 FLN과 에비앙협정을 맺어 알제리 독립을 승인하였다. 협정은 국민투표에서 압도적 지지를 받았다.

둘째로 국가의 재편으로서 의회에 대한 대통령의 권한을 강화한 1958년의 신헌법이 있지만 이는 드골로서는 타협이었고, 알제리 전쟁 해결 후 대통령의 선출을 선거인단에 의한 간접방식에서 국민에 의한 직접투표 방식으로 바꾸었다. 이 인민 투표는 대통령과 국민을 직결시키는 데모크라시이지만 의회에 대한 경시이기도 한데 이는 대통령제 공화국이라는, 드골이 이상으로 삼는 정치체제의 완성이었다. 이 개정은 1962년 10월의 국민투표에서 가결되었다. 다음 달 총선거에서는 드골파가 대승하였고 이때가 드골의 절정기였다.

셋째로 드골의 국외 정책의 기본 구상은 미국으로부터의 군사적 자립, 그리고 프·독 접근으로 미·소에 대한 유럽의 지위 향상에 있었다. 그러나 그의 유럽 구상은 초국가적인 통합이 아니고 '여러 국가로 이루어지는 유럽'으로, 더 말하자면 프랑스가 지도력을 발휘하는 유럽이었다. 이 적극 외교는 물론 프랑스의 국제적 발언력을 높이는 효과는 있었지만 두 초강대국 사이에서 '제3세력'을 이루는 것에는 미치지 못했다.

넷째로 그의 국내 정치에 대한 평가는 미묘하다. 국가주도의 '지도경제'(디리지슴)에 의한 공업화로 소득이나 생활수준은 향상되었지만 체제에 대한 불만이 1968년의 '5월혁명'으로 분출하였다. 드골은 은퇴 이후 조르주 퐁피두(1911~74, 대통령 69~74), 발레리 지스카르 데스탱(1926~2020, 대통령 74~81)의 두 명의 대통령이 선출되었다. 드골 측근인 퐁피두는 개인의 카리스마 정치의 한계를 자각하고 당 조직의 견고화와 경제의 근대화를 중시하였다. 또 드골이 거부한 영국의 EC 가맹을 승인하여 유럽 전체의 협조를 추구하였다. 지스카르 데스탱은 퐁피두 아래에서 경제장관을 역임한 독립공화파인데 드골파인 자크 시라크(1932~2019)를 수상에 앉혀 정권을 운영하였으나 나중에 대립하여 시라크는 보수파의 결집을 바라는 공화국연합(RPR)을, 지스카르 데스탱은 중도파인 프랑스민주연합(UDF)을 각각 결성하였다. 지스카르 데스탱은 새로운 색채를 내기 위해 '세계주의'를 표방하여 대미 대립을 완화하고 제3세계 외교에도 주력하였으나 경제 불황으로 인기가 오르지 않았고 기본적으로는 골리슴을 탈피하지 못하였다.

1981년의 미테랑 대통령의 출현으로 이 '드골 없는 골리슴' 시대는 막을 내렸다.

5월혁명

드골 체제의 문제점을 드러낸 것이 1968년의 '5월혁명'이다. 유사한 사회운동이 일본을 포함한 공업 선진국에서 대개 동시에 일어났는데 나라에 따라 다른 양상을 보이고 있다. 가장 격렬했던 프랑스에서는 학생 반란, 노동자 쟁의, 정치 위기의 세 국면으로 나타났다. 제1국면은 3월 22일 파리 서쪽 교외의 파리대학 낭테르 분교를 학생들이 점거한 데서 시작되어 5월 초순부터 소르본 건물이 있는 파리 중심부의 카르디에 라탱으로 무대가 옮겨져 수만 명의 학생이 참가하며 소란 상태가 되었다. 5

월 중순부터 지식인, 정치가 특히 노동자들로 운동이 확산된 제2국면으로 들어가 생산이나 운수, 서비스 부문이 스트라이크로 거의 마비 상태가 되었다. 정부는 학생과 노동자를 분리시키기 위해 5월 27일 노동조건에 관한 '그르넬 협정'으로 매듭을 지으려 했으나 CGT 등 대조합 간부의 설득에도 불구하고 스트라이크가 속행되었다.

이후 해결의 실마리를 찾지 못해 정치 위기의 제3국면으로 들어가게 되었다. 행정 기구마저 마비되기 시작하는 가운데 드골은 의회 해산, 총선거라는 강성 전략으로 성공하였다. 전국의 스트라이크는 조금씩 진정되었고 소르본 점거는 경찰에 의해 진압되면서 학생이나 스트라이크에 동조적이었던 신문도 이를 비난하기 시작하였다. 애초에 구체적인 목표를 정하지 않고 자연 발생한 운동이 길어지면서 분열되고 에너지가 고갈되었던 것이다. 6월 선거는 드골파가 대승하여 단독 과반수를 획득하였고 좌익의 의석은 반감되었다. 5월혁명은 공교롭게도 드골 정권을 강고하게만 만들고 끝나버렸다. 물론 그르넬 협정으로 노동자의 노동조건은 어느 정도 개선되었으나 그것은 '5월혁명'에 수반된 통상적 노사 분쟁의 측면이지 이 특이한 현상의 핵심적인 부분은 아니다.

'5월혁명'이 세상 사람들을 가장 당혹시킨 것은 경제가 순조롭게 성장을 계속하고 물자가 넘치고 완전고용이 실현되고 있는 풍요로운 사회에 왜 혁명인가 하는 의문이었다. 그러나 이는 '혁명'이 아니었다.

사건의 발단이 된 학생층을 보면 그들은 전후 베이비붐에 의한 대학생의 증가로 점차 엘리트 대접을 못 받게 되었고, 경제 번영으로 취직은 보장되어 있었으나 중급 직원으로 기존의 사회질서 속으로 던져져 '자본의 문지기(개)'가 될 운명이 기다리고 있었다. 이 양면적 심성이 고등교육기관은 사회의 계층 질서를 재생산하는, 이데올로기 장치라는 비판적인 사회학 이론으로 무장한 학생 활동가들의 돌출적 행동으로 점화되었다. 여기서부터 수익(收益)주의, 생산주의, 수량(數量)주의에 대한 비판으로 이어진다. 또 국가는 물론 가족, 학교, 교회, 조합, 정당 등 기존의 대기관이 억압을 유지하는 권위라며 부정당하게 된다. '공화국 모델'도 이제 그들에겐 매력이 없다. '금(禁)하는 것을 금(禁)한다'는 벽에 쓰인 이 낙서는 그 운동의 성격을 단적으로 말해준다.

그것은 구체적 목표를 설정한 '혁명'이 아니라 일체의 약속으로부터 해방을 꿈꾸는 현상에 대한 '이의 제기'로,

부분적 개혁에는 관심이 없는 '유토피아'적 바람이었다. 또한 그것을 표현하는 무궤도적인 행동 스타일은 소비경제의 산물인 '젊은이 문화'와 관련이 있어 공장을 점거한 젊은 노동자들도 학생과 함께 이 문화를 공유하고 있었다. 그것은 모든 의미에서 '영광의 30년'의 산물이며 당사자 자신이 그 유토피아성을 자각하는 '축제'였다.

'5월혁명'은 직접적인 정치 성과를 거의 내지 못했지만 사회와 문화의 깊은 곳에 큰 변화를 남겼다.

3. 포스트 골리슴의 현재

골리슴 시대 이후의 새로운 정세

골리슴 시대 이후 프랑스가 처한 환경은 급변하였다. 우선 국제 정세에서는 베를린장벽의 개방에 이은 독일의 통일(1990)이나 소련연방의 소멸(1991)로 냉전 구조가 급속도로 해체되고 국제정치에서 미국의 단독 패권이 현저해졌다. 그와 동시에 유럽 통합의 기운도 고조되어 마스트리흐트 조약 조인(1992), 공통 통화 유로의 유통(1999),

유럽연합(EU)의 동방으로의 확대로 이어졌다. 이 유럽 통합의 방향은 드골의 구상에서 벗어난 것이었고 경제적 글로벌화도 더욱 진전되고 있어 이 분야에서도 골리슴의 '지도경제'는 후퇴하면서 영·미의 시장경제 모델에 접근하고 있었다. 이렇게 큰 변화 속에서 프랑스가 제2차 대전 때까지 점하고 있는 국제적 위치는, 정치적으로는 물론 국제어로서의 프랑스의 영향력에도 보이듯이 문화적으로도 저하되었다.

국내적으로는 1973년 제1차 석유파동으로 '영광의 30년'의 경제적 성장이 끝나고 장기적인 실업문제가 시작되었다. 그러나 소비경제로의 이행이나 도시화 등의 장기적인 사회적 변용은 여전히 진행되어 급여생활자로서의 사회층의 균질화는 더욱 진척되었다. 사람들은 생활 수준의 향상과 쾌적함에 대한 바람을 끊임없이 자극받고, 손쉬운 신용 제도의 발전이 그것을 뒷받침했다.

그에 따라 그때까지 미덕으로 간주돼온 소박함이나 절약은 버려지고 물질적 욕망의 추구가 긍정되었다. 이렇게 드레퓌스사건 이래 레지스탕스까지 공화국 모델의 기초를 이루어왔던 공정, 자기희생, 연대 등의 가치는 효율, 안락으로 대체되었다. 가족을 비롯하여 교회, 학교,

노동조합, 정당 등 기존의 대기관의 권위가 실추되고 종래의 사회적·정치적 분쟁의 쟁점 비중이 낮아지거나 때로는 소멸되기도 했다. 프랑스 공산당이 쇠락의 시련에 직면하고 있다는 점에서 역설적이게도 교회의 그것과 궤를 같이하고 있는 것이다.

공화국 모델의 재구축—국민국가의 재검토

80년대 이후 프랑수아 미테랑(1916~96, 대통령 81~95), 이어 자크 시라크(1932~2019, 대통령 95~2007) 두 명이 대통령으로 선출되었다. 구 드골파인 시라크는 물론 사회당의 미테랑도 정책을 전환하여 많은 분야에서 드골의 노선을 계승했지만 내외의 새로운 정세에 대해서는 역시 골리슴만으로는 대응할 수가 없었다. 그때 한동안 자취를 감추고 있던 공화주의가 부활하였다.

앞서 언급했듯이 공화주의는 드레퓌스사건 후의 제3공화정 시기의 지배적인 정치 문화였지만 1940년의 패전의 책임이 돌려지면서 1945년 이후에도 인기가 없었다. 그 이유는 베르스텡에 의하면 국가의 복지 정책이 개인을 보호하기 때문에 시민의 연대가 줄어든 점, 엄청난 경제성장 때문에 공화주의의 기초가 된 독립중간층(농업경영자, 소기업가) 중심의 소(小)소유자 데모크라시의 사회 이념이 후퇴한 점, 그리고 경제성장에 억제적인 사회정책이 시대착오적으로 간주된 점 때문이었다.

그러나 80년대 초 무한한 경제성장에 대한 환상이 사라지고 가치 체계의 붕괴로 불안이 생겨나면서 여론에서는 공화주의가 다시 모색되기 시작하였다. 그렇지만 그 공화국 모델은 이전의 반교권주의에 불탔던 제3공화정 시기와 같은 전투적 모델이 아니다. 베르스텡이 지적하듯 현재의 공화주의는 국가 주권을 용해시키지 않는 한에서 '글로벌화'의 수용, 인권의 옹호, 사회관계 유대로서의 연대, 억제된 시장 원리라는 테마에 대한 느슨한 합의 영역을 만드는 절충적인 정치 문화인 것이다. 일트라(울트라) 자유주의, 극좌집산(集散)주의, 배외(排外)적 내셔널리즘이 이로부터 배제된다.

'프랑스라는 예외'

이것은 프랑스라는 국가의 성격이 변했다는 것을 의미할까. '프랑스라는 예외'라는 말이 있다. 서구 여러 나라 가운데 근대 프랑스의 발전 방식이 특별하다는 말이다. 단적으로 말하면 정치적 대립이 종교적 신념의 투쟁처럼 전혀 타협을 용인치 않는 단호한 것이어서 그 때문에 역사가 가열한 혁명이나 내란의 연속이 된다. 이 역사적 특징이 끝나고 있다는 것일까.

현대사가 미셸 비녹은 이 문제를 역사적과 사회학적 두 계열로 해석하고 있다. 역사적 해석으로는 근대 프랑스 정치가 대립을 타협의 여지없는 종교적·문화적 대립으로 만든 프랑스혁명의 정치 문화를 계승하고 있다는 것이다. 또 사회학적으로는 프랑스에서는 국가가 조숙하게 중앙집권화했음에 비해 사회 발전이 늦어 시민사회가 미성숙했던 점, 그 때문에 집권 국가와 개인 사이에 공백이 생겨 직접적 대립이 발생했다고 해석한다. 그러나 프랑스혁명의 해석에 수정주의가 등장했듯이 그 정치 문화의 계승은 청산되고 있다. 또 경제성장으로 국가와 사회의 간극도 줄어들고 있는 중이다.

이 관점에서 비녹은 1981년의 대통령 선거에서의 지스

카르 데스탱에서 미테랑으로의 정권 교체, 나아가 1989
년의 보혁 공존(코아비타시옹)의 출현을 전환점으로 본다.
정체의 변혁 없이 선거에 의한 우익에서 좌익으로의 대
통령의 교체, 또 대통령이 의회 다수파가 된 반대 제파
정당을 수상으로 임명한 것은 프랑스 근대사에서 완전한
이례인데, 우익과 좌익의 정당 간에 합의가 존재하여 이
나라가 보통의 양대 정당제로 접근하고 있음을 보여준다
고 생각하는 것이다.

나는 '예외'의 문제는 본질적으로는 프랑스혁명의 자코
뱅주의의 문제와 통한다고 생각한다. 제6강에서 말했듯
이 프랑스혁명은 본래 리버럴한 개혁을 지향하여 시작되
었으나 저항 세력, 변혁 주체, 민중운동의 3극 구조가 생
겨났다. 그리고 저항을 제거하기 위해 변혁 주체가 민중
운동과 결합한 것이 자코뱅주의이다. 중요한 것은 근대
를 창조하기 위해 근대와는 성질이 다른 이질의 문화와
교착한 것이고, 이 서로 다른 두 개의 문화의 반발과 결
합이 역사의 진행에 일종의 특수한 긴장과 가열함을 부
여했다는 점이다. 현재 문화의 자율성을 갖는 민중의 세
계는 마지널한 존재가 되고 있다. 또 지역 통합이 진행되
는 가운데 한 나라의 '예외'가 발생할 여지는 적다. 그런

의미에서 지금 전환기에 있음은 확실하다.

그렇다고 해서 나는 이 문제가 바로 해소되고 있다고 는 생각지 않는다. 왜냐 하면 제8강에서 말했듯이 근대 국가는 많든 적든 개성을 갖고 있으며 '예외'성이란 실로 이 개성을 말하는 것이기 때문이다. 그리고 위기에 처했 을 때 공화주의에 아이덴티티를 찾고자 하는 것이 프랑 스의 개성인 것이다.

조금 반복이 되지만 공화주의는 삼중구조 속에서 변혁 의 주체가 국면 타개를 위해 자유와 평등, 두 원리의 통 일을 희구하고 모색하는 정치 문화이다. 사회당이나 공 산당의 좌익 입장에서 그 모델은 합리주의 철학, 진보의 관념, 반교권주의, 국가에 대한 개인의 옹호와 같은 제3 공화정의 전통과 이어져 있다. 그러나 이에 대해 RPR이 나 UDF 같은 온건 우익은 국민주권이나 법 앞의 평등을 국민의 기득권으로 보고 있지만, 오히려 공화국은 모든 세력을 집합시키는 중립적인 제도로 생각한다. 예를 들 면 공화주의의 중요 요인의 하나인 '라이시테'(국가의 세속 성)는 한편으로는 국가에 대한 교회의 개입을 배격하는 반교권주의이지만, 다른 한편으로는 종교를 사적 영역으 로 보고 국가를 종교에 대해 중립적 존재로 보는 것이다.

바꿔 말하면 '하나이고 불가분'이라는 전투적 공화주의와 다양성의 용인 위에 서 있는 합의의 공화주의가 존재한다.

현재는 지역세계 통합(EU), 이민, 환경 같은 새롭게 등장한 쟁점과 함께, 이전부터 있어 왔던 국민국가와 관련된 쟁점이 여전이 살아 있는 과도기여서 공화주의의 역할과 형태는 예측하기 어렵다. 그 이름하에 인권의 옹호도 있지만 침해도 있을 수 있다. 그러나 프랑스 사회와 국가의 행보는 인류 앞에 많은 보편적인 메시지를 보내온 것은 분명하므로 앞으로 어떤 역사의 진로를 선택해 갈지 지켜볼 만하다고 생각한다.

후기

이 책은 기본적으로는 10장으로 구성된 작은 프랑스 통사이다. 일반 개설서라면 자유롭게 목차를 짜는데, 일부러 '10강'으로 한정한 목적은 가능한 한 테마성을 가진 장을 설정하여 이것을 연결한 체인에 의해 특징 있는 '프랑스 역사상'을 떠올리게 하려는 데 있다. 앞서 간행된 『독일사 10강』에서 저자인 사카이 에이하치로(坂井榮八郎) 씨가 쓴 것처럼 "결코 큰 개설서의 요약판 같은 게 아니라 오히려 각 저자들의 역사를 보는 시각, 해석이 강하게 스며든 통사"인 것이다.

오해를 피하기 위해 두 가지를 써두겠다. 하나는 본문에서도 썼듯이 프랑스사라는 국민국가의 역사는 자기 완결된 대상이 아니다. 유럽 혹은 세계 전체의 관련 속에서 형성되어온 상대적인 것이고 '프랑스 역사상'도 이를 고정적 혹은 절대적으로 생각해서는 안 된다. 아예 국민국가 그 자체를 재검토해야 한다는 소리가 높아지고 있는 요즘 시대이기도 하다.

또 하나는 이와 관련되지만 국가의 특징이라 해도 근·현대의 국가는 모두 자유와 '평등'의 이중 요인을 많든 적든 갖고 있다. '자유'만으로는 약육강식이 되고 '평등'만으로는 전체주의가 되어 어느 쪽이나 관념적으로는 있을 수 있어도 국가로서는 존속할 수 없다. 국가의 특징은 이 서로 모순되는 두 개의 구성 요인의 관계 방식이고 그 변화의 율동이 근·현대의 역사가 된다. 그리고 중요한 것은 이 율동을 자각하는 것이고 그것이 본문에서도 말한 국가의 아이덴티티이다. 이 점에서 프랑스는 항상 가장 자각적인 나라라고 생각한다.

이 책은 그 성격상 사실 자체는 충분히 취급하지 못하고 있다. 더 상세히 알고 싶으신 분은 야마가와山川 출판사에서 펴낸『세계역사대계世界歷史大系』의『프랑스사フランス史』(柴田·樺山·福井편, 3권) 혹은『신판 세계 각국사新版世界各國史』의「프랑스사フランス史」(福井편), 또 근대 이후로 한정한다면 미네르바ミネルヴァ 서방(書房편)의『프랑스 근대사フランス近代史』(服部·俗川편), 이 책의 개정신판인『근대 프랑스의 역사近代フランスの歴史』(俗川·渡辺편)를 참조하기 바란다. 이 책에는 중요한 일본어 문헌 대부분이 망라되어 있다. 또 개별 테마에 대해서는 하쿠스이사白水

社의『쿠세주 문고クセジュ文庫』가 신뢰할 만한 표준적인 사실과 해석을 아는 데 유익하다. 일본어 번역이 출판되어 있지 않은 외국어 문헌은 여기서는 생략하겠지만 나 자신이 전공 이외의 현대사에서 특히 도움이 되었던 열거하면 스이유사スイユ社의『신프랑스 현대사新フランス現代史』시리즈(Nouvelle histoire de la France contemporaine, Paris, Seuil) 외 세르주 베르스텡, 미셸 비녹 공편『프랑스 정치사』제4권『공화정의 재개共和政の再開』(Berstein, S. et Winock, M (sous la dir. de), La République recommencée, Paris, Seuil, 2004), 장 프랑수아 시리넬리『1914년부터 현재까지의 프랑스一九一四年から現在までのフランス』(J~François Sirinelli (sous ls dir de), La France de 1914 à nos jours, Paris, PUF, 2004)이다. 그 사회정책사의 해석에 힘입은 바 컸다.

이 책은 나의 여러 사정으로 간행이 매우 늦어졌다. 그 사이 편집하신 분들께 여러 가지로 불편을 드렸다. 특히 마지막 단계에서 신세를 졌던 나카니시 사와코 님께 감사를 표하는 바이다.

시바타 미치오(柴田三千雄)

역자 후기

   이 책은 프랑스 근대사의 권위 있는 연구자인 저자가 일반 독자를 위한 간략한 문고판으로 엮어낸 프랑스 역사책이다.

   같은 역사 연구자로서 자신의 연구 분야를 넘어 통사적 저작을 쓰는 것이 얼마나 힘든 작업임을 알기에 적은 분량의 압축적 서술을 한국 독자들이 이해하기 쉽도록 번역에 신중을 기했지만 저자의 뜻을 제대로 살렸을지 걱정되는 마음뿐이다.

   저자는 "결코 큰 개설서의 요약판 같은 게 아니라 오히려 각 저자들의 역사를 보는 시각, 해석이 강하게 스며든 통사"를 지향한다고 밝혔다. 그 취지대로 각 사건의 역사적 의미를 짚어주고 새로운 해석을 시도하여 개성 있는 프랑스 역사상을 구축하는 데 성공하지 않았나 하는 생각이 된다.

   한국 독자들이 유럽사를 접할 때 가장 어려운 부분이 중세나 봉건제 부분이다. 우리 역사와 가장 다른 점이기도 하면서 그것이 유럽사적인 특징 중 하나이기 때문이다. 그에 비해 일본역사는 봉건제의 긴 역사를 갖고 있고 유럽의 봉건제나 기사와 같은 역사적 존재에 친근한 편이다. 특히 일본의 봉건제는 유럽의 봉건제 중에서도 프랑스적인 집권적 봉건제와 비슷하다는 주장도 있을 정도로 역사적 친연성을 보여준다.

또한 프랑스 근대사는 계몽사상이나 프랑스혁명으로 잘 알려져 있듯이 너무나도 역동적이고 전 세계적으로 큰 반향을 불러일으키고 영향을 주었음을 부정할 수 없다. 혁명과 공화정이라는 새로운 정치적 발명, 나폴레옹의 군대와 법전 등은 동아시아 근대국가의 모델이 되기도 한 만큼 프랑스는 동아시아의 근대사와 뗄 수 없는 존재이다.

저자는 프랑스라는 일국사 시점에서가 아닌 유럽 세계와의 유기적 관계 속에서 프랑스 역사를 파악하는 입체적 시각에서 조망하여 생동감 있는 역사 과정을 서술하고 있다. 또한 일본인 연구자의 시각에서 일본이나 동아시아와의 비교사적 시각에서 통찰하고 있어 한국 독자에게도 유의미하리라 생각된다.

게르만족인 프랑크족이 로마와 기독교를 만나 새로운

유럽 세계의 중심국으로 성장하여 절대왕정과 혁명으로 분투했던 파란만장한 그들의 족적을 우리와의 관련을 생각하며 역사 여행을 즐기시길 당부드리고, 이 책을 통해 프랑스에 대한 이해도 조금 깊어졌다면 역자로서 더 이상의 영광은 없을 듯하다.

정애영

각 장 사진 출처 일람

제1강 *L'Histoire*, N°96, janvier 1987, 107쪽.

제2강 Burguière, A. et Revel, J.(sous la dir. de), *Histoire de la France: l'État et les pouvoirs*, Éditions du Seuli, 1989, 77쪽.

제3강 *L'Histoire*, N°210, mai 1997, 23쪽.

제4강 개인 소장

제5강 WPS

제6강 WPS

제7강 개인 소장

제8강 *L'Histoire*, N°155, mai 1992, 35쪽.

제9강 로이터

제10강 Aflo

IWANAMI 87

프랑스사 강의

-10개의 강의로 프랑스사 쉽게 이해하기-

초판 1쇄 인쇄 2024년 10월 15일
초판 1쇄 발행 2024년 10월 15일

지은이 : 시바타 미치오
옮긴이 : 정애영

펴낸이 : 이동섭
편집 : 이민규
책임 편집 : 유연식
디자인 : 조세연
표지 디자인 : 공중정원
영업 · 마케팅 : 송정환, 조정훈, 김려홍, 박소진
e-BOOK : 홍인표, 최정수, 서찬웅, 김은혜, 정희철, 김유빈
관리 : 이윤미

㈜에이케이커뮤니케이션즈
등록 1996년 7월 9일(제302-1996-00026호)
주소 : 08513 서울특별시 금천구 디지털로 178, B동 1805호
TEL : 02-702-7963~5 FAX : 0303-3440-2024
http://www.amusementkorea.co.kr

ISBN 979-11-274-8125-4 04920
ISBN 979-11-7024-600-8 04080 (세트)

FURANSUSHI 10KO
by Michio Shibata
Copyright © 2006 by Mariko Fujiwara
Originally published in 2006 by Iwanami Shoten, Publishers, Tokyo.
This Korean print edition published 2024
by AK Communications, Inc., Seoul
by arrangement with Iwanami Shoten, Publishers, Tokyo